捜査官

―回想の中できらめく事件たち―

弁護士
元浦和地検検事正
元東京地検特捜部検事
清水 勇男
著

東京法令出版

捜査官

―回想の中できらめく事件たち―

目次

はしがき

第一部　捜査ファイル

第一章　人はなぜ罪を犯すのか

目次

目次

目　次

目次

本書は、『特捜検事の「証拠と真実」』（平成10年・講談社）を一部補訂し、改題・復刊したものです。

はしがき

私は、平成八年（一九九六年）四月から二年間、主に警察官を読者対象にした月刊誌『捜査研究』に、本書のサブタイトルと同じ題名の随筆を連載しました。新任検事となって札幌に赴任してから退職するまでの三十一年間に出会った思い出の事件を中心に、検事の哀歓など、さまざまな人間模様を織りまぜながら回想記風に書き記したものです。この連載が平成十年に『特捜検事の「証拠と真実」』（講談社）として単行本化されました。すでに絶版になっていますが、私が初めて出した本で、強い愛着をもっています。

昨秋、『捜査研究』の発行元・東京法令出版から、この本を当社で復刊したいという話がありました。捜査官に好適な資料になるというのがその理由で、講談社側にも快諾していただいたということでした。

この本には、千葉県警が苦心惨憺《さんたん》の末まとめ上げた「千葉大チフス菌事件」（細菌魔事件）、東京地検特捜部と警視庁、東京国税局査察部が異例の合同捜査班を組み、それぞれの持ち味を生かして解明した「ロッキード事件」、埼玉県警が群馬県警の応援を得て厳寒の十二月、大勢の警察官を冷たい谷川に投入し、徹底した川浚《かわざら》いをして動かぬ物証を発見した「愛犬家連続殺人事件」、刑事の執念が遂に実った「釧路管内 賄《まかない》婦《ふ》強盗殺人事件」、正に人間の皮をかぶった鬼畜の仕業《しわざ》としか思われない「名古屋管内大高緑地アベック殺人事件」など、事件に深く関与した者として次の世代へ語り継いでいきたい多くの事件が収められています。

ただ一点だけ問題の箇所があります。上司を職務怠慢だと詰問して職務命令に従わず、決裁を得ないまま論告・求刑した事件の記述です。復刊を機会にこの記述を省くか、せめて上司の実名を仮名にするか迷いましたが、変えないことにしました。検察の世界には、こんな偏屈な検事もいる、それでも放し飼いにしておく度量がこの世界にはあると感心してもらえれば有難いと思っています。

こうして本書ができ上がりました。他社からの復刊版の発行を快諾してくれた講談社の懐の広さに感謝します。

なお、ここ十年、官公庁の統廃合によって例えば厚生省が厚生労働省に、建設省が国土交通省に統合されるなど大きく変わりました。しかし復刊版は、いわばタイムカプセルなので、官公庁の名称や登場人物の資格は当時のままにしておきました。社会情勢や犯罪の動向などを含め、十年前と現在を比較しながら読むのも興味深いことかなと思っています。

この復刊版の付録として、「人を取り調べるということ」を添えておきました。A地検での講演速記録にB地検とC地検での講演録を加味して構成したものです。捜査の成否を左右するのは取調べ能力で、いわば対面的コミュニケーション能力です。これが捜査官への私の遺言です。

平成十九年六月

清水　勇男

第一部　捜査ファイル

第一章　人はなぜ罪を犯すのか

また家族が泣かされる

（ああ、また家族が泣かされる……）

紙面に大きく躍《おど》る犯罪の記事と、被疑者・被告人の顔写真や住所・氏名を見るたびに胸が痛む。彼らの父母、兄弟、妻、そして子供たちは、どんなに苦しく、切なく、やるせない思いだろう。はたして社会の白い眼にじっと耐えながら、これから先、生きていけるのだろうか。

私が担当した千葉大チフス菌事件の被告人は、逮捕されてから間もなく妻と協議離婚し、三歳になる子供の親権を妻に委《ゆだ》ねた。将来「チフスの子」と後ろ指をさされていじめられる子供が不憫《ふびん》だったから、というのがその理由であった。

犯罪の被害者やその家族・遺族の苦痛と無念さは計り知れない。それをわが身のことと受け止めて長い間検事の仕事を続けてきた。被害者やその遺族の無念を晴らすこと、そこに検事としての使命感があると私は信じてやってきた。犯罪は憎みて余りあるものである。しかし、その犯人の家族には、共犯でないかぎり、罪はない。家族もまた深刻な被害者なのである。

日本はムラ社会である。科学技術がいかに進歩し、生活様式が飛躍的に変化しても、日本人の意識そのものは江戸時代と本質的には変わっていない。ムラ社会には、村八分という排除の法則がある。それは本人に対してだけでなく、その家族に対しても厳しく適用される。犯罪者を出した一族もまた犯罪者と同等だとみる連座《れんざ》の意識があるからだ。子供が犯した罪に対し「死んでお詫《わ》びする」と言って首をくくる親、身を隠そうと見知らぬ土地を求めて流転《るてん》を重ね没落していく一家、会社に居たたまれず退職に追いやられる親兄弟、いじめにあい登校拒否に陥《おちい》る子供たち……。被疑者や被告人の家族たちにとって、日本はなんと冷たい社会であろうか。

神戸で起きた生首事件の被疑者「酒鬼薔薇聖斗《さかきばらせいと》」こと神戸A少年の実名を公表するマスコミがあり、その検事調書を入手して全文を掲載するマスコミがある。それぞれ自己を正当化する主張と、それを是認《ぜにん》する知識人がいる。だが、その曝露《ばくろ》記事の陰で、もはや身の置き場もなく、号泣するしかない少年の家族……。その痛ましい姿に思いを馳《は》せる必要はないのであろうか。

最近では、都市銀行や大蔵省、日銀さらには防衛庁までを舞台とした超エリートたちによる背任、汚職事件などの摘発《てきはつ》が目立った。殺人、銀行強盗、詐欺《さぎ》、窃盗《せっとう》といった事件も相変わらず多い。不法入国した外国人や、その外国人と手を組んだ暴力団による組織事犯も多発し、手口も悪質・巧妙化《こうみょうか》の一途をたどっている。今後は先端技術を悪用した犯罪の増加が予想される。開発と悪用がいたちごっこのようになるであろう。犯罪の検挙率は年々下がってきている。検挙こそ最大の犯罪予防策だといわれるが、警察も検察も激増する犯罪に組織がついていけず、十分に機能していない。それが犯罪の発生にさらに拍車《はくしゃ》をかけるという悪循環に陥っている。

被害者とその家族に対して計り知れない打撃を与えるばかりでなく、自分の家族にも塗炭《とたん》の苦しみを与えることが分かり切っているのに、人はなぜ罪を犯すのか。なぜそんなくらやみ坂を越えて行こうとするのであろうか。

いくつかのパターンがあるように思われる。

犯罪の背後にあるもの

戦後、物資がなく、人々がドン底の窮乏《きゅうぼう》生活にあえいでいたころ、巷ではヤミ取引が横行《おうこう》した。どこに眠っていたかと思われるような大量の食料や衣料品が闇市《やみいち》にあふれ、ボロ服をまとった人々が目の色を変えて群がった。よれよれの軍服に戦闘帽という復員兵も大勢混じっていた。

私は、小学校（当時は国民学校）四年生のとき、埼玉県の疎開先で終戦を迎え、父が横浜の家の焼け跡に建てたバラックへ戻ってきた。辺り一面の焼け野原で、小学校の校舎は進駐軍の病院用に接収《せっしゅう》されていたから通う学校もなく、空腹をかかえて毎日焼け跡や闇市をうろついていたら、浮浪児か何かと間違われ、交番に連れていかれて尋問されたことがあった。

私が中学校に入った十一歳の夏に父が過労で死んだ。残された財産もなく、母は私たち食べ盛りの子供四人を抱えて苦労した。買出しに行って乏《とぼ》しい衣料品と交換でやっと手に入れた米や麦も取締りに引っ掛かって没収され、生活費を得るために当時洋モクといって珍重《ちんちょう》されていた進駐軍物資の煙草の運び屋をして捕まったりした。子供なら捕まらないだろうというので、私も手伝わされた。学校から帰ると、学用品を入れたズックのカバンをカラにして洋モク十個入りケース五、六本を詰《つ》め、横浜から浅草の闇屋《やみや》まで運んだ。母から外食券一枚と、わずかな金を駄賃《だちん》にもらい、浅草の外食券食堂で麦飯の定食をガツガツと食べた。焼きたてのハンペンの香ばしい匂いと、こんがりとした網目の模様が食欲をそそった。

みんな貧しかった。しかし、みんながそうだったせいか、みじめだという気持ちはなかったように思う。

洋モクでは、「日の丸」と呼ばれていたラッキーストライクが一番人気で、ほかにキャメル、チェスターフィールド、フィリップモーリスなどがあり、今でもその古いデザインをはっきりと覚えている。私が煙草を吸うようになって、最初に吸った洋モクはラッキーストライクだった。それをはじめて吸った時のかすかな興奮と複雑な思いが、セピア色の焼け野原の風景とともに、今でも時おり心をよぎる。

法を守って餓死した人物

人々は、食うために取締りの網の目をくぐりぬけようと必死だった。網に引っ掛かったのは運が悪いからで、悪事を働いたと思っている者はなく、不運な奴だと同情されても、悪い奴だと非難されるようなことはなかった。

ただ、そのころ、闇物資は一切口にしないと言って餓死した山口良忠という裁判官がいた。中学生ながら私にもショックな出来事だった。法を守ることは自分の命より大切だと信じている確固たる日本人がそこにいた。しかし、ごく単純に考えれば、その裁判官以外の裁判官は闇物資を口にしていたことになるし、ヤミ取引を取り締まる警察官も、検事たちもそういうことになる。特別の財産や生産手段を持たない人々にとっては、社会的立場を問わず、自分や家族が生きていくために仕方のないことであった。とは言っても、餓死した裁判官に対して、人々はみな後ろめたい気持ちをもっていたのではなかろうか。

このように、食うために仕方なく坂を越える人の群れがあり、時代があった。

しかし、一方では旧日本軍や旧財閥の倉庫などに眠っていた大量の米、麦、乾パン、砂糖、衣料品などの生活物資、進駐軍流出の肉や果物の缶詰、ガム、チョコレート、ビスケットなどのヤミ取引で巨富を築いたヤミ成金も多かった。東京地検に特捜部の前身である隠退蔵《いんたいぞう》事件捜査部ができたのは、終戦後二年目の昭和二十二年（一九四七年）十一月である。戦前・戦中の思想検察が消滅して公安検察にバトンタッチされ、同時に特捜検察が台頭《たいとう》してきたのである。

なぜ犯罪を繰り返すのか

時は流れて、衣食住が全体にほぼ満たされた現代の日本には、戦後のような飢餓にさまよう群れはいない。生きるため、食うためにやむをえず罪を犯すという者は少ない。ローンやサラ金に追われて銀行強盗や詐欺、窃盗を犯す者も、そこだけを見れば仕方なく坂を越える人々ではある。しかし、なぜそんな追われるような羽目になったかの原因を調べてみると、ギャンブルに走った結果だったり、見栄とか、女（あるいは男）に入れあげた痴情《ちじょう》の果てだったり、人並みに衣食住は足りているのに満足せず、欲望に駆り立てられ、生活設計を狂わせてしまった結果だったり、いわば身から出た錆《さび》で、同情の余地がないケースが多い。

坂を越える人でも、時代的背景や、その人の置かれた立場からみて、同情できるケースもあれば、できないケースもある。検事は、その状況を見極めて、論告《ろんこく》では「犯情が悪質である」とか「酌量《しゃくりょう》すべき事情がある」などと意見を述べるわけだが、そのどちらとも判断がつきにくいケースも多い。

私が新任検事だった札幌での事件である。

「またやったのか」

「すみません、つい……」

「旭川の田舎へ帰るといっていたじゃないか！」

「途中まで行ったんです」

「それで？」

「いろいろ考えたんですが、今更のこのこと帰れる義理じゃないと思って……」

「……………」

「検事さんには申し訳なくて……」

「申し訳ないと思うくらいなら、やらなければいいじゃないか！」

「……………」

無銭飲食の前科十数犯、もう六十歳を越えている。刑務所から出て、何日もたたないのに、また無銭飲食をして捕まり、私が主任検事になった。独り者で、両親はすでに亡く、田舎の家には弟夫婦が住んでいるが、面会にきてくれたこともないし、手紙を出しても返事をくれたことはない。しかし、家は広いし、兄弟だから土下座して頼めば面倒をみてくれないはずはないと言い張る。今度こそ真面目にやる、信じてくれという。幸い被害額が少なく、起訴するまでもないと思い、その言葉を信じることにして不起訴処分にし、釈放した。ところが、数日後に再び無銭飲食して逮捕され、また私が主任検事になったのである。刑務作業で支給された僅《わず》かな金を使い果たした末の犯行だった。

無銭飲食した店は田舎へ帰る方角の駅前にある。帰るかどうしようか思い迷った心の揺れが感じられる。本人の了解を得てその田舎の弟に電話をかけ、兄を引き取ってもらえるか尋ねたところ、「とんでもない、家のまわりをうろつかれるだけでも迷惑だ！」と、けんもほろろの返事だった。そうなると再犯のおそれがあるので、今度は起訴しないわけにはいかない。

無銭飲食のほかに、寸借《すんしゃく》詐欺、常習窃盗というような犯罪を犯す者には、こういったパターンの者が多い。社会の中で自分の行き場を失ってしまった人々である。

越えてはならない坂

もう二十年以上も前の事件である。

釧路から根室に向かう途中に厚岸《あっけし》という比較的大きな町がある。その厚岸で、にせ医者事件が発生した。

被疑者は六十四歳、男。風呂敷包み一つ提げて道東地域の無医村を回り、アザ、イボ、ホクロ、シミ、ソバカス、入れ墨なんでもきれいに取ってやると触れ込み、医師の免許もないのに医療行為を行った、というのがその容疑である。

それだけなら、無免許で医療行為をなしたという医師法違反の罪が成立するだけなのだが、「治療」を受けた者の中に、ケロイド状の傷痕《しょうこん》が残った者が大勢いたこと、この男は治療代と称して「患者」から多額の金銭を受け取っていたことが問題となった。医師法違反だけなら、法定刑が最高で懲役二年だが、傷害と詐欺が加わると、併合罪加重《へいごうざいかちょう》ということで、最高は懲役十五年になる。鑑定の結果、「治療」に用いたクリーム状の薬品には塩酸が含まれていることが分かった。塩酸は表皮の下の真皮や皮下脂肪組織を破壊し、ケロイド状の瘢痕《はんこん》を形成する可能性が大きい。「患者」を調べた結果、被疑者から「きれいに治る、跡《あと》は残らない」と言われ、その言葉を信じたからこそ金を出して「治療」を受けた、醜い傷痕が残ると知っていたらそんな「治療」は受けなかったし、金も出さなかった、という供述を得た。

被疑者には医師法違反の前科が数犯あり、その記録を取り寄せてみると、すべて本件と同じ手口で、ケロイド状の瘢痕を残す数多くの被害者を出していた。

被疑者は、あっさりと認めた。

自供によれば、若いころ北海道大学附属病院の理容室で働いていたとき、皮膚科の先生の話を聞きかじって自分なりに「研究」し、あのクリームを作った、ただ塩酸の分量が多すぎるとイボやホクロは取れてもケロイドになる、また分量が多くなくても相手の体質によってはケロイドになる、自分が作った塩酸入りのあのクリームを依頼人の皮膚に塗るとき、もしかしたらケロイドになって残るかもしれないと思ったが、それしか自分には収入の道がなく、養ってくれる妻子や兄弟もいないので続けていた、ケロイドになって残る危険性があると知れたら、相手は「治療」は受けなかったはずなので、そうなるとお金が貰《もら》えなくなるから、キレイに治ると騙《だま》して治療を受けさせ、「治療代」を受け取っていた、という。

そこで医師法違反に傷害、詐欺をつけて起訴し、懲役三年を求刑した。判決は二年の実刑であった。

いかに孤独の老人で、収入の道がなく、仕方がなかったといっても、こういうことは許されようがない。越えてはならない坂を越えてしまったことになる。

それにしても、頰《ほお》に残った大きな傷痕をガーゼでしっかりと押さえ、涙をためてじっと私を見つめていた被害者の少女。もう三十歳を過ぎているに違いないが、幸せな結婚をして、よい母親になっているだろうか。悲嘆《ひたん》にくれる両親をキョトンと不思議そうに見上げているだけだった、あの頰に大きなケロイドを残した五歳の幼女は、学校でいじめにあうことなく、無事に思春期、適齢期を乗り越えていくことができたであろうか。そうであってほしいと祈るような気持ちだ。

現代の深い闇

十九世紀末のドイツで、〝手綱絡《たづなが》らみくせ馬事件〟というのがあった。
馭者《ぎょしゃ》の引く手綱に尻尾《しっぽ》を絡みつけて馬車の操縦《そうじゅう》を妨害するくせの悪い馬がいて、いつ事故を起こすか分からない。馭者はそれを知っていて雇い主に繰り返し危険を訴えたのだが一向に聞き入れてくれない。馭者も雇い主の意志にさからっては失業の憂《う》き目をみることになる。そこで、やむをえずその馬を使って馬車を走らせていたところ、はたして手綱に尻尾を絡まれ、馬車の操縦を誤り、ついに通行人を傷つけてしまった。

この事件に対して、ドイツ帝国裁判所は無罪を言い渡した。職を失ってまで雇い主の命令にさからいその馬の使用をやめることは、この馭者には期待しがたいというのがその理由であった。

わが国にも同じような事件があった。

昭和初期のころ、定員の五倍以上の乗客を乗せて瀬戸内海を航行中に沈没し、多数の死傷者を出した〝第五柏島丸《かしわじままる》事件〟である。

大審院《だいしんいん》は、取締りに当たる警察官が出航時刻の励行《れいこう》ばかりを促し、定員超過の点は看過《かんか》していたこと、船長である被告人が船主に対し再三にわたって注意を喚起《かんき》していたのに、船主が採算上の理由から聞き入れなかったこと、被告人が貧困であったことなどを考慮した結果、原審の禁錮《きんこ》六月の刑の言渡しを破棄して罰金三〇〇円の刑を言い渡した。

同じような事件なのに、ドイツでは無罪、日本では罰金とはいえ有罪であった。

この手綱絡みくせ馬事件の判決等から「期待可能性」というキーワードが生まれ、「ごく普通の一般人がその犯人と同じ立場に立たされた場合、違法な行為に出ないことが期待できるかどうか」を問い、①期待できるというのであれば刑罰を科することができるが、期待できないというのであれば刑罰を科しえないとし、②期待できないわけではないが難しいというような場合には刑罰を軽減すべきだ、という理論が生まれた。

これを刑法では、期待可能性の理論という。この理論を一つの物差しにして事件を見ると、その犯人に刑事責任、つまり刑罰受忍《じゅにん》責任を負わせるべきか否か、負わせるとしてどの程度の刑罰が相当かという答えが出てくるように思われる。

自己の行為が刑罰法令に触れることは分かっていながら、やむにやまれず行為に及んだという事件は少なくない。これは〝仕方なく越える人〟の事情よりはるかに切実な、切羽《せっぱ》詰まった事件である。

酒乱の父を刺す子

私は、京都時代、親殺しの事件の捜査を担当したことがある。

正月早々の事件で、現場に臨場《りんじょう》すると、寝巻の前を大きくはだけた五十歳前後の男が、畳の上に大の字になり、かっと目を見開いて死んでいた。畳は血の海で、ふすまや天井まで血が飛び散っている。ムッとする血の臭いの中を白衣を着た鑑識《かんしき》の警察官が忙《せわ》しなく動き回っていた。

凶器は出刃包丁で、十数ヵ所の刺創《しそう》があり、出血多量が死因であった。被害者は寝ているところを刺されたと認められたが、いわば無抵抗の被害者に対して多数の刺創を負《お》わせているというのは、被害者に深い恨みを抱いている者による犯行の場合に多い。

犯人は被害者の長男で、十六歳。犯行の動機は、酒乱の父親による度重《たびかさ》なる自分と母や兄弟への暴力にあった。

少年事件なので、家庭裁判所に送致《そうち》した。事件の記録を読んで、こんな父親をもった子供の悲劇を痛切に感じた。もし自分がこの少年と同じ立場だったらどうしたであろうかと悩んだ。

逆に、親が子を殺す主な事件の一つは、深刻な家庭内暴力を原因とするもの、もう一つは、老齢または不治の病気で余命いくばくもないと悟った親が、あとに残される重度の障害などをもった子供が哀れで、いっそのこと子供を道連れにして自分も死のうと決心したことなどを原因とするものである。

こういう事件の捜査や公判を担当すると、荒廃《こうはい》したすさまじい家庭の現実、貧困な社会福祉の現状など、簡単には解決できない根深い問題が背景に存在するだけに、検事としては無力感とやりきれない思いに打ちのめされる。刑事政策は心のケアを含めた十全な社会政策の上に立ってはじめて成り立つものだという主張がよく分かる。それでも厳しく責任を糾弾《きゅうだん》しなければならない検事の立場はつらい。

こういう事件が起こると、ほかにいくらでも方法があったのに、とか、心を開いて相談してくれればよかったのに、などの意見が寄せられる。もっともなことなのだが、それができなかった行為者側の深い事情というものがあり、こうした人々の発するＳＯＳの弱い電波を感じ取って直ちに救いの手を差しのべるケア・システムのようなものがいま一番求められているのではないかと思われてならない。

家庭内暴力に耐えかねて

平成八年（一九九六年）十一月、東京都文京区内で両親に対し殴る、蹴《け》るの凄まじい暴力をくりかえしていた中学三年生の長男（当時十四歳）を父親が金属バットで殺害した事件があった。平成十年（一九九八年）四月、東京地裁は父親に対し、懲役三年の実刑判決（求刑懲役五年）を言い渡した。判決の中で、暴力を受けていた被告人の苦しみは大きく、その苦しみから逃れるためやむをえず犯行に走ったものと同情し、親の養育態度に落ち度があったとは認められないと理解を示しながら、長男はまだ十四歳の若年で、対応方法によっては十分改善する可能性があったと指摘し、犯行方法の残酷性などを勘案《かんあん》すると、実刑はやむをえないと結論づけている。

家庭内暴力に対しては、適切な解決のマニュアルがないのである。具体的にどんな対応方法があったのかについては掘り下げていないので、判決をもの足りないと感じる人もいるかもしれないが、それは裁判で教示できるものではない。裁判官の苦悩が深くにじみ出ているような判決で、心に沁《し》みた。被告人は、「息子のことを思うと、減刑や執行猶予を求める気にはならない」と最終陳述で述べていたということである。

愛ゆえの殺人

痴呆《ちほう》の妻または夫の看病に身も心も疲れ果て、自分が先立ってしまったら看病する者は誰もいないとか、子供がいるが別に所帯をもっていて生活も楽ではなく、その子供たちに看病を押しつけては可哀相だと思い詰めた末、長年苦楽を共にしてきた最愛の妻または夫を殺して自分も死のうとしたが死に切れず、殺人で逮捕されたという事件、不治の病《やまい》に冒《おか》されて苦しみ悶《もだ》え、早く楽にしてくれと必死に哀願《あいがん》する妻や夫に抗《こう》しきれず殺害し、嘱託《しょくたく》殺人で逮捕される事件……。

　今後ますます核家族化が進むことだろうが、それに併《あわ》せてこういう痛ましい事件が増えていくかもしれない。事件の捜査で難しいのは、こうした事件の被疑者・被告人の場合、自分も早く後を追いたいという気持が強いことで、留置《りゅうち》管理に当たる警察官や拘置所《こうちしょ》の職員は神経をすり減らすのである。

　私が引き継いだ公判事件の中に、看病に疲れ果てて痴呆の妻を絞殺したという事件があった。懲役四年を求刑したが、判決は懲役三年で執行猶予がついた。裁判官は温情あふれる量刑《りょうけい》事情を述べ、被告人も涙を流して感謝しているかに見えたが、釈放された三日後、自宅で首を吊《つ》って自殺した。

　寛刑《かんけい》も善し悪しなのである。厳しい実刑判決を受け、刑務所の中で相手の冥福《めいふく》を祈りながら贖罪《しょくざい》の日々を送る方が被告人にとって救いになる場合もある。寛刑では自分の心が済まず、自分で自分を厳しく制裁しようと自殺する場合もある。こういう結末を見ると、裁判官もつらいだろうが、検事もつらい。

トラック野郎哀歌

東京地検の交通部その他で、長距離トラックの運転手や、いわゆるジャリトラの運転手による道路交通法違反の過積載《かせきさい》事件の捜査や公判を担当したことが何回かある。中には制限重量の二倍もの貨物を積んだトラックもあった。こうした違反は、しばしば重大、悲惨な結果につながりかねない。そこで厳しい取締りの対象になるわけだが、なぜそんな重量オーバーのトラックを運転するのかというと、三往復するところが二往復、二往復が一往復ですむため、それだけ仕事の回転が早く、経費節減になり、利益が上がるからだが、その背後には過酷《かこく》なノルマや業界の体質みたいなものがある。

歩合制《ぶあいせい》をとっている企業では、雇い主側と運転手側とが暗黙の了解でやっているのが常態で、運転手の方にも責任はあるが、危険と知りながら過酷なノルマに耐えていかなければならないのには、それなりの事情があり、手綱絡みくせ馬事件の馭者を彷彿《ほうふつ》させるものがある。

過積載の元凶《げんきょう》は、一般には雇い主側にあるが、摘発されるのはせいぜい運行管理者止まりで、なかなかそれ以上の立場の者にまで責任を追及するのは難しいのが実情である。平成六年（一九九四年）五月の道路交通法改正で刑罰が大幅に引き上げられ、取締官の権限も強化されたが、雇い主側の意識と業界の体質が改まらないかぎり、過積載事件とそれを原因とする悲惨な重大事故の発生は阻止《そし》しようがない。

わが子がジャマに……

昭和四十五年（一九七〇年）のある夏の日のことだ。千葉県市川市内に住んでいる専門学校の先生Aさんが、いつもの習慣で早朝の江戸川のほとりを散歩していた。

京成電鉄の鉄橋の下をくぐり抜け、草むらが途切れたとき、ふと足元を見ると、露出《ろしゅつ》した赤土の上に人形の首が転がっていた。胴体から離れたキューピーの首の部分だ。Aさんは、川の中に蹴り込んでやろうと、ボールを蹴るときの要領で右足を後ろに引いた。そのとき、人形の首がユラリと動いた。ぎょっとして立ちすくんだAさんがよく見ると、それは人形ではなく、正真正銘《しょうしんしょうめい》人間の首だった。体をすっぽり土に埋められて、わずかに首だけ地面に出している、生まれたばかりの女の子の首だった。

市川警察署では、直ちに〝江戸川鉄橋下えい児殺害未遂事件〟の捜査本部を設置し、捜査を開始したが、被害者はえい児、しかも裸のまま埋められていたので、着衣《ちゃくい》等からの被害者の割出しはできず、遺留品は皆無《かいむ》。足跡《あしあと》等の物的証拠も採取できないし、犯行の目撃者もいないことから、捜査は難航した。

しかし、真夏の日盛りを汗をかきながら根気よく聞き込みを続けていた刑事が、市川市内のアパートK荘の住人から有力な情報をキャッチした。そこに住んでいるM夫婦のことだが、つい最近まで奥さんのお腹が大きかったのに、ペチャンコになっている、聞けば実家でお産をしたが、生まれてすぐに死んでしまったという。しかし、何となくそわそわしていて、どうも様子がおかしい、というのである。

そこでM夫婦の身辺を洗うと、夫婦には二歳になる長女がいて、K荘の家主から、もう一人生まれたら部屋を出ていってもらうと厳命《げんめい》されていたこと、夫の甲は工員で競輪・競馬狂、妻の乙は食堂のパートでパチンコ狂、いつも金に困っていたこと、二人の実家も探ってみたが、二人とも最近は全然来ていないこと、K荘と現場の鉄橋下までの距離は直線にして約八〇〇メートルの至近距離にあること、などの事実が判明した。

M夫婦に任意同行を求めて聞きただすと、二人とも犯行を全面的に認めたので、二人を殺人未遂罪で逮捕した。翌朝の新聞には、「鬼の夫婦」などという見出しでこの事件が大きく報道された。

甲と乙の収入を合わせると、月六万円くらいになる。当時としては、親子三人、暮らしていけない収入ではない。しかし、稼いだ金はほとんど夫婦のギャンブル代に消えてしまい、光熱・水道費の支払いは滞《とどこお》り、牛乳や新聞の配達はストップ、訪問販売もM夫婦の部屋だけは避けて通った。実況見分の結果も、四畳半の夫婦の部屋には、古ぼけた三面鏡とちゃぶ台、食器少々と布団が二、三枚あるだけで、あとは何もなかった。

産み捨てられた命

こんな状態だから、妊娠に気づいても中絶する費用がないまま臨月《りんげつ》を迎えた。深夜、陣痛《じんつう》がきた。甲の頭には、出産の費用をどうするかということと、二人目の赤ん坊が生まれたら部屋を出ていってもらうと家主から厳命されていたことがクローズアップされ、狼狽《ろうばい》した。乙の陣痛は激しくなり、うめき声を上げるようになったので、ともかく産婆《さんば》にと決意し、風呂敷にバスタオルと下着類を包み、乙を連れてアパートを出た。二歳の長女はスヤスヤ眠っていた。

近所の産院では、あっさり断られた。これまで一回も診察に来たことがない人の分娩《ぶんべん》には産院として責任がもてないという理由だった。

陣痛が激しくなってしゃがみ込んでしまった乙をみて途方に暮れた甲は、近くの電話ボックスから一一九番に電話した。救急隊では、分娩は急病に当たらないので、救急車を出動させることはできないが、産院を当たってみましょう、あと五、六分してから電話をかけ直してくださいという。しばらく待ってかけ直すと、市内ではX産院だけが引き受けてくれたので、連絡しておいたからすぐ行きなさいとのこと。そこなら長女が生まれた産院である。ホッとして乙に伝えると、

「あそこは、死んでも行かない」

「どうして？」

乙は、長女を産んだときも陣痛が起こってからX産院に駆《か》け込んだのだが、分娩が終わってベッドに横たわっているとき、処置室にいるらしい看護婦同士のヒソヒソ話が聞こえてきた。

（あの人ったら、今日産まれるまでどこの病院にも行かなかったんだって！）

（あきれた人ネェー）

乙は、激しい屈辱《くつじょく》感に打ちのめされた。今度また行ったら、あの看護婦たちに何と言われるか。それを思ったら死んでもいやだという。

「それじゃあ、どうする」

「自分だけで産むしかないわよ」

「どこで」

「アパートで産めるわけないでしょう」

「…………」

「…………」

残された道は、赤ん坊を産み捨てることしかなかった。

二人は、近くを走る京成電鉄の線路に出た。終電は通り過ぎた後だった。陣痛の痛みで立ち止まる乙に甲が肩を貸しながら、線路伝いに江戸川鉄橋までやってきた。そこから河川敷《かせんじき》に下りた二人は、夏草を分けながら、やわらかい土が露出している場所を探してこの現場にやってきた。乙は、近くに落ちていたダンボール箱をつぶして枕にし、仰向けに横たわった。甲は、落ちていた板切れを使い、近くで穴を掘った。

乙のうめき声がパタリと止み、続いて高い産声がした。甲が近寄ると、乙は半身を起こして、ダンボールに肘《ひじ》をついていた。暗くてよく見えないが、乙の両足の間に、大声で産声を上げげつづける小さな肉塊《にくかい》があった。甲は、風呂敷包みをほどき、バスタオルを引っ張り出すと、その肉塊を両手ですくい取って包み、自分が掘った深さ三〇センチくらいの穴に裸のまま入れた。二人は、胎盤《たいばん》をつけたままの赤ん坊の足の方から手でゆっくりと土をかけていった。その土が赤ん坊の首の下まできたとき、甲と乙の手が止まった。

二人の自供によれば、顔に土をかけようとしたとき、薄明《うすあ》かりの中で、赤ん坊の首が左右に揺れた。それが、二人にはイヤイヤをしているように見えたという。それでどうしても土をかけられなかったと供述した。こうして、二人はそのまま立ち去った。これが翌朝になって発見されたわけで、首から足がついた事件というのが本件であった。

「蜘蛛の糸」

　赤ん坊は、発見されたとき声が立てられないほど衰弱《すいじゃく》していたが、養護施設に引き取られてから次第に回復し、元気になっていった。

　公判は淡々《たんたん》と進んだ。ただ、将来この子が両親の元に引き取られたときに、はたして正常な親子関係が形成されていくものかどうかという点が問題になり、当時日本で一人しかいないという産科心理学の権威、秋田大学医学部の某教授の鑑定《かんてい》意見を求めた。

「むずかしいですねえ。普通は、母親の場合、産んだ瞬間から自分の子として心理的に受け入れている。そこには隙間《すきま》というものがない。しかし、本件の場合は、心理的に受け入れていない。というより、受け入れを初めから拒否している。また、時間的空白もかなりある。結局、時間をかけて努力していく以外はないわけですが、心理的な傷として生涯消えることはないでしょう」

　教授は、それよりも、と言って、つけ加えた。

「この赤ん坊は、発見されるまで土の中に八時間以上も埋められていたことになるわけですが、それでも生きていた。しかも健康だということですが、奇跡《きせき》としか言いようがない。胎盤を取らず、へその緒《お》を結びもしないで放置しておいたら、血液などの体液が胎盤から流れ出し、体の中から体液がなくなって死んでしまいます。それにもう一つ不思議なことがある。土の中にはいろいろなバイ菌《きん》がいて、胎盤ごと埋めたら、そうしたバイ菌が胎盤からへその緒を通じて体内に侵入してくる。そうして増殖し、細菌感染により死亡する危険が極めて高い。それがこのケースにはない。産科というよりも、医学の常識では考えられないことです」

警察も検察も、衰弱死の危険しか考えていなかったのだが、そういう危険死の可能性もあったのか。

やがて結審《けっしん》し、論告の当日を迎えた。

私は、この事件で、芥川龍之介《あくたがわりゅうのすけ》の短編「蜘蛛《くも》の糸」を思い出していた。悪逆非道《あくぎゃくひどう》の限りを尽《つ》くしている根っからの悪党が、ある日、ドジを踏んでスゴスゴと引き揚げる途中、道に蜘蛛が這《は》っているのを見て、踏みつぶしてくれようと足を上げたものの、なぜか殺すのが不憫《ふびん》に思われてそのまま通り過ぎた。この悪党の人生で善いことをしたといえば、ただこの一事しかない。だが仏様は、その一事を評価し、死んで血の池地獄でもがいているこの男を何とか救い上げてやろうと天上から蜘蛛の糸を垂《た》らしたものの、結局はだめだったという、あの話である。

私は、二人に対し殺人未遂罪で各懲役三年を求刑した。その論告の中でこう述べた。

「この酷薄《こくはく》非情、残虐《ざんぎゃく》極まりない事件の中で、もし救いがあるとしたら、二人が赤ん坊の顔にまでは土をかけることができなかったという一事のみであろう。これは二人の人間的心情の発露《はつろ》であり、いわば仏心《ぶっしん》の現れとして評価したい。この心情を育てていくことによって、二人ともやがては人の子の親として恥ずかしくない人生を送ることができるようになると信じ、また強く期待している」

判決は、いずれも懲役三年、執行猶予三年であった。控訴《こうそ》すべきかどうかの審議はあったが、私は控訴すべきではないと主張した。実刑になれば、二人とこの子との時間的・心理的空白はもはや埋めようがない。この赤ん坊がまだ赤ん坊であるうちに二人の懐《ふところ》に返してやること、親子三人が救われる道があるとしたらこれしかない。

刑事裁判は、ごく特殊の極限的な場合を除いては、人が救われる道を決定的に閉ざしてしまうようなものであってはならないように思う。

結局、控訴はせず、判決は一審で確定した。

あのときの赤ん坊も、もう二十五歳を越えているはずだ。どうしているか。運の強い子だから、きっとどこかで元気に暮らしているに違いない。もう、結婚したであろうか。幸せであってほしい。

欲望の赴くまま罪を重ねる人々

犯罪者には、このタイプの者が一番多い。

欲望の赴くまま計画し、実行する。計画によっては仲間を引き入れ、手を取り合ってひたすら犯罪という名のくらやみ坂を越えようとする。欲望は物欲であったり、色欲・獣欲であったりいろいろだ。検事が「計画的で悪質・巧妙、被害も重大であり、酌量《しゃくりょう》の余地はない」と断罪するケースであり、強盗、強盗殺人、強盗強姦殺人、巨額詐欺、常習窃盗など、多種多様である。覚せい剤事犯のように、初めは面白半分で使用したものの病みつきになり、量もだんだん増え、覚せい剤を買う金欲しさにサラ金地獄にはまり込み、ついには犯罪に走って家庭を崩壊させ、自分も破滅するというケースもこのパターンだ。覚せい剤を使用する者があれば密売するグループがあり、密輸入する組織がある。

ジャンキー天国

私が戦後母の手伝いで洋モクの運び屋をしていたころ、浅草の闇屋の家にいたオバサンたちが、伏《ふ》せた湯飲み茶碗の糸底《いとぞこ》に白い粉を落として水でかき混ぜ、それを注射器で吸い取ってお

互いに注射を打ち合っていた。何でそんなことしているの、と聞いたら、

「これ、ヒロポンっていってね。疲れによく効くんだよ。体がスーとしてね。坊やにはまだ必要ないねぇ」

と言ってゲラゲラ笑った。

ああ、これがヒロポンっていうものか、と思った。当時は薬局などでも簡単に手に入ったのではなかったかと思う。その後、ポン中（ヒロポン中毒）の増大が社会問題となり、取締りが厳しくなった。ヒロポンはシャブ、スピード、エスなどという隠語《いんご》で取引され、今では主婦や若い女性、中学生にまで広がっている。

「なんで悪いんだよ。オレの体だ。どうなろうとオレの勝手じゃねえのか」

こう言って絡《から》んでくる手合いを相手に、「覚せい剤の蔓延《まんえん》は勤労意欲を奪い、社会の活力を低下させ、買う金欲しさに犯罪に走り、家族まで巻き込んで家庭を崩壊させるばかりか暴力団の資金源に利用され、結局は彼らを肥《ふと》らせる結果になるじゃないか」と、いくら説教しても、シャブぼけした相手にはなかなか通じず、虚《むな》しい思いに打ちのめされる。

大麻を吸うと音感がよくなるとかいって常用するバカな芸能人も多い。こうした薬物の使用と蔓延が子孫に影響を及ぼさないわけはない。

凌辱殺人

私が名古屋地検の公判部長として論告の作成に関与した事件の中に、〝大高緑地アベック殺人事件〟というのがある。少年四人と少女二人の非行グループ六人が、深夜、名古屋市の郊外にある大高緑地でアベックを拉致《らち》し、恋人である男性の目の前で女性を輪姦《りんかん》して凌辱《りょうじょく》した挙げ句、男性の首にロープを巻き付け、女性の目の前でその両端を引っ張って絞殺《こうさつ》し、つづいて「助けて」と哀願《あいがん》する女性をニタニタ笑いながら同様にして絞殺し、二人の遺体を三重県大山田村の山中に穴を掘って埋めたという事件であった。これが人間の仕業かと思われるような残虐にして極悪非道《ごくあくひどう》な事件であった。

被告人は全員未成年だったが、主犯格の十九歳の大工の少年に対しては死刑を求刑した。

第一審は、量刑が甘いと言われていた裁判部であったが、この少年に対してだけは求刑どおり死刑の判決を言い渡した。私が死刑の論告に関与したのは、長い検事生活の中でこの一件だけである。残念ながら第二審で無期懲役に落ちてしまったが、被害者の苦痛と無念さ、極刑《きょっけい》を訴えてやまない遺族の感情を考えると、今でも無期懲役では納得できない。

越えたくて坂を越える犯罪者に対しては、容赦《ようしゃ》する必要は全くないと思っている。

死刑廃止論は、自分の愛する妻子や恋人が、そのような犯人の毒牙《どくが》にかかって無残に殺害されたと仮定して、その遺族と同じ立場に自分の身を置き、それでもなお犯人に対して死刑を科《か》すべきでないと、良心に誓って真実言い切れる人のみに唱える資格があると、私は考えている。

真犯人は裏で手を引く

犯罪者の中には、当初は犯罪に加担《かたん》する気持ちはなかったものの、他人（主犯）から命令または懇請《こんせい》されるなどしてやむをえず加担し共犯とされた者で、自分から犯行を企《くわだ》てたとか、主体的に関与したというわけではなく、主犯からの働きかけで実行したという点においては、〝やむにやまれず越える人〟と言うべき者も多い。

こうして犯罪に巻き込まれ、後ろから押されるようにして坂を越える者は、暴力団などの組織犯罪に多いが、疑獄《ぎごく》事件と呼ばれる大規模な贈収賄《ぞうしゅうわい》事件や、ごく普通の共犯事件にも多い。

ただ、主犯とそれ以外との見極めは簡単ではない。例えば、見張りや逃走に備えて車の運転席で待機している者が実は主犯で、犯行の全般的な指揮に当たっているという場合もあり、外形的な観察だけでは判断できない。現場に現れない主犯というのはいくらでもいる。真の大物は背後に隠れていて、表に現れない場合の方が多いのだ。

〝愛犬家連続殺人、死体損壊《そんかい》・遺棄《いき》事件〟というのがある。私が浦和地検検事正のときに起訴決裁をした最後の凶悪事件として記憶に焼きついている。この事件は、犬猫等繁殖販売業を営む夫婦が共謀の上、取引上のトラブルから解約・返金を迫る客ら四名を次々と殺害し、その死体を損壊《そんかい》・遺棄するため第三者を仲間に引き込んだという容疑の事件で、共犯者となった男は正に後ろから押されて坂を越えた者であった。この事件については、後で少し詳しく触れることにする。

よもや自分が……

法律、とくに刑罰法規というのは一つの垣根《かきね》である。それを乗り越えたらどういう処罰が待っているかは誰しも知っている。

かつて十八世紀から十九世紀にかけてのドイツの思想家で、優れた法律学者でもあったアンゼルム・フォイエルバッハは、刑法を定めておく理由として、「人間は本来苦痛を避け快楽を求める功利《こうり》的な動物であるから、刑法を定め罰則を明記しておけば、刑法に反する行為をして受ける快楽と刑罰という苦痛を天秤《てんびん》にかけ、その快楽よりも苦痛がずっと大きいと考えて犯罪に出ようとする気持ちを抑える、それが刑法の存在理由だ」と説いている。確かにそのとおりかもしれない。しかし、それでも犯罪が絶えないというのは、人間を損得勘定《そんとくかんじょう》だけで動く単純な功利的動物だとは決めつけられないことを物語っているように思われる。

カンカン照りの夏の暑い日、幼児を車に置いたままパチンコに夢中になり、戻ってみたら子供は脱水症状を起こして死んでいたという事件が性懲《しょうこ》りもなく繰り返される。過失致死というより殺人に近いとさえ思われるケースもある。どうしてこんなバカな母親（或《ある》いは父親または夫婦）が絶えないのだろうか。石油ストーブを点《つ》けた部屋に幼児を置いたまま外出し、消防車のサイレンでハッと気がつき慌《あわ》てて戻ってきたら、家は火炎に包まれていて手の施《ほどこ》しようもなく子供は焼死、というような事件も少なくない。

酒酔い運転による交通事故などの原因を調べてみると、自分の運転技能を過信《かしん》し、酒の勢いでとか、家まで持っていっておかないと翌日の通勤や仕事に差し支《つか》えるとか、夜風にあたって酔いを冷まそうと思ってとか、次の店に行ってまた飲もうとか、動機・原因はさまざまだが、思わぬ事故に動転して瀕死《ひんし》の被害者を路上《ろじょう》に置き去りにしたまま逃走するという轢《ひ》き逃げ事件に発展するケースも少なくない。こうした、はじめは軽い気持で、或いはよもや自分だけはとたかをくくり、あっと思ったら坂を越えてしまっていたという事件は、過失や、過失から発展した事件に多いが、一時の激情に駆《か》られ、前後の見境《みさかい》もなく犯行に及んだという事件もこのケースに含めてよい。

失われたものは戻ってこない

私が検事三年目で、釧路にいたころ担当した殺人事件がある。

その男、被告人Tは、長崎県平戸の出身で当時二十四歳。〝ヤン衆〟と呼ばれる季節的漁業従事者として釧路市内の網元《あみもと》の宿舎に住み込み、カレイ刺し網漁船に乗り組んでいた。釧路港近くになじみの飲み屋があり、そこのホステスS（当時二十三歳）と親しい仲になって、結婚の約束をした。親方も、一度連れてこいと言っていたので、その晩も看板《かんばん》まで飲み、したたかに酔っていたが、親方の家に行こうと言って、Sを連れ出した。

二人が腕を組んで人影の絶えた街を歩いて行くと、向こうからフラフラと酔って歩いてきた漁船員のB（当時三十歳）が、すれ違いざま「いい女だな、オレと付き合えよ」と、Sの乳房をぎゅっとつかんだ。毎晩漁師相手の商売で気の強いSは「何すんのさ、このバカ野郎！」と、Bの腕を払い除《の》け、突き飛ばした。

Bは「この野郎、女のくせしやがって！」とSの顔に平手打ちをくわせた。それを見たTは「何しやがるんだ！」とBに殴りかかり、取っ組み合いの喧嘩《けんか》になったが、酔って足元のふらつくTは、Bにしたたかに殴られ、鼻血を出した。

逆上したTは、「てめえ、待ってろよ！」と言って近くの赤提灯《あかちょうちん》の店に飛び込み「包丁貸してくれ！」と叫んだ。

「何するんだ？」

「豚肉切るのに使うんだ！」

「バカ野郎！　看板をよく見ろ。うちは焼鳥屋だ。豚肉切る包丁なんかあるわけねえだろう！」

焼鳥屋の店主に体《てい》よくあしらわれたTは、外に出ると、ついさっきまで飲んでいたSの店に飛び込んだ。「あら、どうしたのよ、血相《けっそう》変えて」という女将《おかみ》を尻目《しりめ》にカウンターの中に回り込み、刃体の長さ約二五センチメートルの柳刃《やなぎば》包丁を摑《つか》んだ。「あんた、やめなさいよ！」という女将の金切《かなきり》声を後に店を飛び出した。

　Tが現場に駆け戻ると、Bはヘラヘラ笑いながら立っていた。

　Sは、Tが柳刃包丁を手にしているのを見て、「やめて！」と叫んでTの背後から腰にしがみついた。Bは「てめえに俺がやれるかよ」と言いながら近づき、手拳《しゅけん》でTの顔面を殴りつけた。怒り心頭《しんとう》に発《はっ》したTは、Sを振り切ると同時に、真正面から激しい体当たりをくらわせた。柳刃包丁はBの左腹部に深く突き刺さった。Bは「うっ」と言ったまま、その場にうずくまった。間もなくSの通報で到着した救急車に乗せられてBは病院に運ばれたが、翌日未明、出血多量で死亡した。

　Tは、はじめ酔っていて覚えていないと否認したが、勾留期間を延長して調べた結果、柳刃包丁で確かにBの腹部を刺したこと、しかも包丁の峰《みね》を下、刃を上にし、柄《つか》を握った右手に左手を添《そ》え、体当たりするようにして思いっきり刺したこと（この刺し方はプロの殺し屋の手口で、刃先が上方に向かい心臓に達しやすい）、刺すとき「Bの野郎がもともと悪いんだから、こんな畜生《ちくしょう》、死んだって構うもんか」という気持ちがあったことなどを供述した。

私は、殺人で起訴し、懲役十年を求刑した。判決は懲役八年であった。

ところで、Sには別居中だが夫と子供がおり、取調べに対して「Tと結婚する気持などさらさらなかった」と平然と述べた。それじゃなぜ結婚の約束なんかしたんだと聞くと、

「あいつ頭に血がのぼってさあ、あたし、それに調子合わせていただけよ、酒の上の冗談、冗談」

と手を振って、ケラケラと笑った。

Tは、こんな女のために折角《せっかく》の人生を棒に振ってしまったことになる。

一時の激情に駆られての偶発《ぐうはつ》的な事件とはいえ、発生した殺人という結果はあまりにも大きい。泣いて悔やんでも、失われたものは戻ってこない。

海を越えてくる犯罪

いま本当に不気味なのは、海を越えてヒタヒタと押し寄せてくる密入国者の群れと不法滞在外国人、これらの者による犯罪の激増である。密入国の背後には、香港の三合会《さんごうかい》（香港マフィアのグループ、現地では「サムハップウイ」）、台湾の黒道《こくどう》（台湾やくざの総称、現地では「ヘイタオ」）、それに蛇頭《スネークヘッド》がおり、これらの組織と組んだ日本の暴力団がいる。相互に巧妙な手段で連絡を取り合い、密入国と不法滞在を誘導、助長《じょちょう》している。現在、不法滞在者は三十万人を超えていると推定されているが、実数は定かでない。

日本は、面積そのものは広くないが、海岸線の長さはアメリカ大陸のそれに匹敵《ひってき》すると聞いたことがある。この長い海岸線を密入国者の群れからどう防いだらいいのか。

平成八年（一九九六年）の外国人による凶悪犯罪の検挙者中、不法滞在者によるものが六七％を占めているという。不良外国人にとって、日本は単なる稼ぎ場でしかない。その土地に家族もなく、血縁者もいないということは、犯罪を抑止《よくし》させようとする力が全く働かないということを意味する。外国人による犯罪の恐ろしさはここにある。

犯行も大がかりなものが多い。クレーンで駐車場の車を吊り上げ、何台もトラックに積んで一度に盗み去るとか、深夜、郊外の大型スーパーの壁を土建用工作機械のユンボーで破り、中の商品を根こそぎ持ち去るというような荒っぽい手口は、これまでの日本人による窃盗にはなかったものだ。

ブランコすりなどという新手のすりも多い。飲み屋の椅子や列車のシートの背中に掛けておいた背広の内ポケットから財布をすり取る手口だ。現金は財布からそのまま抜き取られ、クレジットカードは直ちに使われて商品に化け、キャッシュカードは変造機により暗証番号を変えられて預金が引き出される。被害者が警察に届ける前にすべてが行われて後の祭りとなる。

危険な国から安全な国へ、貧しい国から豊かな国へと人が移動するのは、水が高所から低地へ向かって流れるのと同じく、自然なことである。内戦の拡大と惨禍《さんか》を逃れて国境線を越えていく人々、わずかな家財、食料を老朽《ろうきゅう》船に積んで海に逃れる人々、身一つで国境を越える人々、こうした難民の入国を阻止《そし》しようと躍起《やっき》になっている周辺諸国。こういう現象は、規模や形は変わっても、人類がはるか昔から繰り返してきたことではないのだろうか。好景気に沸《わ》いているといわれるアメリカでも、むしろそれ故にメキシコなどからの大量の密入国者に手を焼いているようだ。日本では、バブル景気に踊っていたころは密入国者の数も多かったが、不景気のドン底にある現在は少なくなってきているともいう。

隣にひそむ恐怖

贈収賄や金融犯罪は、いかに巨大でも鎮圧《ちんあつ》に向けて対処することができる。日本国内のことだからだ。しかし、密入国や不法滞在は、その原因が国外にあり、例えばアジア諸国の貧困と戦火が絶えないかぎり、決してなくならないだろう。日本が豊かで平和であればあるほど、そうでない国からの日本への密入国者の群れは増え、犯罪も増加するという皮肉な現象が起こっている。これからもこの図式に変わりはないであろう。日本だけで解決できる問題でないだけに対応が難しい。

ただ、最近は日本が不景気のため、親族や蛇頭から日本円にして三〇〇万円とも四〇〇万円ともいわれる借金をして不法入国してきても、就労の機会がないため借金が返せず、犯罪に走る以外はないといった人々も多いようだ。

中国の一人っ子政策を非人間的だと非難する人々がいる。実は私もその一人だった。後で少し触れるが、最高検検事の時代に中国最高人民検察院の招請《しょうせい》で十日間中国に滞在したことがある。打ち解けた宴会の席でこの政策が話題になり、私は、中国の将来にとって好ましい政策とは思えないのだが、と言った。相手は、わが国の生産力の現況《げんきょう》と展望から見てやむをえない政策なのだ、というような説明をした。

中国は、その後アメリカから大量の穀類を輸入するようになったとか。巨大な竜ともたとえられる中国で人口の爆発が起こり、その人口を賄《まかな》う食料の生産が追いつかず、アメリカその他の国からも輸入できないというような事態が生じたとしたら、その影響は深刻なものとなるだろう。不見識《ふけんしき》を覚悟で言えば、日本への密入国・不法滞在がこの程度に止まっているのは、中国の一人っ子政策のお陰とも言えないことはない。いずれにせよ、他国には他国の事情というものがあり、表面的な観察で他国の政策を軽々に批判してはならないと悟った。

黙々と海を越えてくる人々の群れは、これからも絶えることはあるまい。日本は決して単一民族ではないが、単一民族という誤解が生じるほどによく混じり合った雑種民族だという説をどこかで聞いた。そうかもしれない。さて、あと百年後、日本はどのような民族構成になっていることであろうか。

第二章

調書の切れ端から

検事が被疑者を取り調べる理由

浦和地検の検事正をしていたころの話である。

東京高検管内の検事正会議の後、懇親会に移った席上、ある検事正が言った。

「うちにきた新任検事の中に、『検事正、なぜ検事が被疑者の取調べをして自供を取らなければならないんですか、そんなことは警察の仕事なんじゃありませんか』と聞く奴がいたんだ。びっくりして、そんなことは自分でよく考えてみろ、と言うしかなかったよ」

あとは、今の若い検事はどうも、という話になり、

「検察ばかりじゃない、警察だって根性のある刑事がいなくなったっていうじゃないか、ろくな自供も取れないで理屈ばっかり一人前だ、みんなサラリーマン化しちゃって」

などという愚痴《ぐち》みたいな話を誰かがすると、

「そう言えば新聞記者だって、以前は食らいついたら放さないスッポンみたいなのが多かったが、このごろは『今日は話すことは何もないよ』って言うと、『ああ、そうですか』ってさっさと引き揚げていくのが多くなった。夜討《ようち》ち朝駆《あさが》けはあっても、形ばかりで、『早く帰ると上がうるさいんで、しばらく居《い》させてくださいよ』なんて言っている。おかげで酒でも出して雑

談していれば気楽なもんだが、上はそんな実態を知っているんかねぇ」

などという話に発展していった。

ヨーロッパかどこか、海外の遺跡を発掘して石に刻《きざ》まれた古代文字を解読したところ、その中に「今の若い者は」という文句があったという。こういった慨嘆《がいたん》は、時の古今、洋の東西を問わないもののようだ。ただ、その話の中で、今の検事は、という愚痴はともかく、人を取り調べて自供を得るということの意味と根拠が、捜査官を含めて一般に十分理解されているとはいえないように思われる。

自供というのは一般用語で、法律上は自白《じはく》というのだが、要するに容疑事実、つまり被疑事実を認めることであり、全部自供と一部自供（一部否認）に分けられる。

例えば、贈収賄事件で、現金の授受や接待饗応《きょうおう》があったことを認め、それが職務に関する違法な報酬または謝礼であったとの趣旨《しゅし》を認めた場合は全部自供だが、現金の授受や接待饗応の事実を認めても、趣旨は違うと否認するのが一部自供（一部否認）である。贈収賄事件では、一般に事実は認め、趣旨は否認するというのが多いのだが、後で述べるロッキード事件では現金の授受まで徹底して否認した。

被疑者の場合、その供述の結果が自分の刑事責任の有無や程度の認定に直接影響してくるだけに、口を閉ざして語らず、或いはさまざまな弁解を構えて否認するなどの態度に出て抵抗しようとする場合が多い。そういう被疑者の心を開かせ、事実を吐露《とろ》させることは並大抵のことではない。

一部の学者や弁護士は、「検事と被疑者はそもそも対等の当事者ではないか。その一方当事者が他方当事者を取り調べること自体がおかしい」という立場から「取調べは違法・不当である、よって取調べの結果である自供は証拠として認めるべきではない」とか、「取調べは人権侵害の危険性が大であるから、取調べには弁護人も同席させせよ」などと主張する。

しかし、刑事訴訟法は被疑者の取調べを認め、任意性のある自供には証拠としての資格があるとはっきり規定し、弁護人の立会権も認めていない。だから、そのような主張は現行法のもとでは成り立つ余地がない。ただ、取調べや自供が法律上根拠があるというだけでは、その深い理由や必要性については理解できず、つまりピンとこないかもしれない。

犯人の心情に迫る

こういう例で説明してみると分かりやすいだろうか。

Bが死亡した。原因はAが振ったバットがBの頭部に当たり、頭蓋骨《ずがいこつ》が陥没《かんぼつ》して脳内出血を起こしたことによる。この場合、Aの行為とBの死亡との間に因果関係（原因・結果の関係）があることは間違いない。それではAは殺人の罪を負うことになるのか。

直ちにそうとはいえない。AがBを殺害しようと思って殴ったのであれば殺人である。しかし、殺害しようとまでは思わず、怪我《けが》をさせる程度のつもりで軽く振ったところ、当たり所が悪かったため死亡してしまったというのが真相だとすれば傷害致死であり、練習のため素振《すぶ》りを繰り返していたところ、たまたま通りかかった通行人に気づかず、誤ってその通行人の頭に当たってしまったというのが真実だとすれば過失致死である。また、厭世《えんせい》気分で散歩していたBが、バットを激しく振りながら練習を繰り返しているAを見て、咄嗟《とっさ》にそのバットの前に自分の頭を突き出して当てさせ、その結果死亡したのだとすれば、電車に飛び込んで自殺を図る場合と同じで、バットを振った行為者に責任を問うことはできず、よって無罪ということになる。

日本の刑法は、Bが死亡した、その原因を与えたのはAである、という因果関係だけでなく、そのときAはどのような心理状態にあったのか、つまり故意・過失の有無、程度という内面的な要素を重視し、それによって犯罪の成否《せいひ》や罪名を区別していくという形式をとっている。ここがドイツやフランスなど大陸法の系譜《けいふ》を引く日本の刑法の特徴で、英米法の立場と違う点だといわれている。

いずれにせよ、こういう被疑者の内心の主観的な要素を重視する刑法の立場では、被疑者の取調べは不可欠である。本人からよく聞きただささないと分からないからである。この過程を経ないで犯罪の成否や罪名、責任の程度を決めることはできない。取調べは被疑者の人権を抑圧するものだから違法だ、などという議論は、被疑者をよく取り調べてみれば本当は過失致死で罰金しか科《か》せられない事件であるのに、それをしないで、外形的な事実だけから殺人罪と判定しても仕方がないという議論になる危険をはらんでいるのである。

真実を白日の下に

どの法律でも、第一条あたりを見ると、その法律の目指している目的とか理念が分かると言われているが、刑事訴訟法第一条には「この法律は、刑事事件につき、公共の福祉の維持と個人の基本的人権の保障とを全うしつつ、事案の真相を明らかにし、刑罰法令を適正且つ迅速に適用実現することを目的とする」と書いてある。これをそのまま素直に読めば、刑事訴訟の究極の目的は真実の発見にある、ただ、そのために被疑者や関係者の人権を侵害するようなことがあってはならないと言っているのである。つまり真相の究明《きゅうめい》は目的の原理、人権の尊重は手段の原理ということになる。目的と手段の関係と言っても大きくは外れない。

刑事手続きは、事実の認定、法令の適用、刑の量定という過程をたどって進んでいくのだが、この中で圧倒的にウェイトをもつのが〝事実の認定〟であって、それさえきちんとできていれば、法律の専門家である裁判官が法令の適用を誤るようなことはまずなく、量刑が著《いちじる》しく不当だというようなことは滅多《めった》に起こらない。だから、刑事訴訟では事実の認定が中心で、これをめぐって検察側と弁護側とが対立し、激しい攻防が繰り広げられることになる。

現在、少年法の改正が問題になっているが、この法律の目的が少年について適正な処遇《しょぐう》の実現をはかることにあるとすること自体には争いはない。ただ、適正な処遇の実現は、きちんとした事実認定がなされてはじめて可能であると考えられるのに、現在の少年審判制度では家庭裁判所の一人の裁判官が審理を担当して非行事実を認定する立場をとっており、とくに少年側が否認し争う態度を示したときには、その裁判官が調査官の補助の下に証拠を収集するなど、いわば検察官の役割も同時に果たさなければならず、身柄拘束期間も短くて、はたしてこれで適正な事実認定が可能かということが問題の中心となっている。

〝山形マット死事件〟(一九九三年)では、少年審判での事実認定が大きな問題となり、その後も少年審判への信頼性を揺るがすような事件が続いている。

刑事訴訟法においても、少年法においても、真実を究明し、事実を正しく認定することが大前提であって、それなくして適正な刑罰や処遇の実現はありえない。被疑者を取り調べ、自供を得るということは、正しい事実認定のために不可欠であるばかりでなく、犯人を反省悔悟《かいご》させ、再犯を防止するためにも極めて重要な意味をもつ。こうした基本的なことを理解しておかなければ、被疑者の取調べの必要性や自供のもつ意味が分からず、冒頭の新任検事のような発言が飛び出してくることになる。

自供するにはわけがある

普通の刑事事件では、ほとんどの被疑者が素直に自供する。ただ、自供する動機をみると、真に自己の行為について悔悟《かいご》し、二度と犯罪を犯さないという決意の下に自供するものと、証拠は揃《そろ》っていて否認しても通らないと判断し、どうせ起訴されるなら自供して反省の態度を示しておいた方が得だ、ひょっとすると不起訴にしてもらえるかもしれないと計算して自供するものなど、いろいろある。

ある学者の研究によると、反省悔悟して自供する者よりも、利害打算《ださん》で自供する者の方が多いということだが、もしそういう傾向があるとすれば、捜査官としては気をつけなければならない。こういう利害打算で自分の態度を決定しようとするような功利的な被疑者は、捜査官の無意識な言動に敏感で、しかも自分に有利な方向で受け取ってしまう危険がある。

共犯事件で、他の共犯は不起訴になったなどという話をうっかり捜査官から被疑者にすると、共犯の不起訴の理由が例えば証拠が不十分であったり、関与の態度が軽かったり、その被疑者とは全く情状が異なるのに、自供すれば自分も不起訴にしてもらえると勝手に考えて自供するような場合もある。

こういう被疑者は、起訴された後、捜査官から利益誘導を受けたため自供した、よってその自供には任意性がないなどと主張して争うものである。捜査官としては、利益誘導などもっての外だが、そうとられるような言動は厳につつしまなければならない。

〝ロッキード事件〟では、いわゆる嘱託尋問調書の証拠能力が問題となったが、弁護人側の主張の一つに、ロッキード社のコーチャン副会長やクラッター東京支社長は、日本の最高裁判所を通じて検事総長から不起訴の確約をもらって証言したものであるから、利益誘導に当たり証拠能力がないというのがある。

しかし、日本の検察官が現にアメリカにいるコーチャン副会長やクラッター東京支社長を逮捕して起訴することなどアメリカの主権を侵害するようなことができるはずはなく、不起訴の確約はコーチャンらに証言させるための当時としてはやむをえないテクニックであった。コーチャンやクラッターは百も承知のことである。したがって、利益誘導に当たるはずはないのであるが、それはともかくとして、事件の大小を問わず、利益誘導というのは、司法の場でしばしば争われるものである。

幽霊に怯えた犯人

ごく稀《まれ》なことだと思うが、迷宮入りになって時効も切迫《せっぱく》しているという事件の犯人が自首してきたり、窃盗など比較的軽い犯罪で留置中の被疑者が、突然、過去に犯した殺人などの重罪を供述し始めることがある。捜査官が疑ってもいなかった事件について、である。

私が担当した殺人事件の被疑者は、窃盗で留置中、担当の刑事に、夜中に目が覚めると自分が殺した被害者が枕元にじっと座っていることがあったり、ふと鏡を見ると後ろに被害者が立っていたりする。それが苦しくて仕方がなかったと自供の動機を語ったという。

私も直接確かめてみたが、

「本当です。鏡の中の自分の顔が突然被害者の顔になったりするんです」

と言う。

「夜中にうなされて同房者に起こされることがよくあるんですが、そんな時には決まって被害者が私に馬乗りになって首を絞めているような夢をみているんです」

「今でもか？」

「それが全部しゃべっちゃったら全然出て来ないんです」

「それはよかったね。霊魂というのがあるのかどうか私には何とも言えないけれど、自分のしたことを包み隠さず話をして、それなりの罰を受ける決心をすることが仏の供養《くよう》になるし、自分も救われることになるんじゃないのかな」

これに似た話は、刑事や先輩の検事からずいぶん聞いている。

死体さえ発見されなければ犯行が露顕《ろけん》することはない、と頑強《がんきょう》に否認している被疑者に対して、

「早く仏さんを両親や兄弟のもとに返してやれよ。いつまでも浮かばれまいが」

としんみり語りかける老練《ろうれん》な刑事の言葉などは、犯人の心に重く響くものらしい。

幽霊や霊魂の話はともかく、良心のかけらもないという人間は少ないので、その良心の拭《ぬぐ》いがたい曇りが幽霊になって現れるのであろう。

私には、後で入信した宗教の教えなどよりも、人間として本来もっている良心の方が強い影響力があるように思われる。オウム真理教の信者で、坂本弁護士一家の殺人・死体遺棄事件に加わった犯人の一人が、匿名《とくめい》ながらも死体を埋めた場所を図面入りで警察に密告していたという。やがて逮捕されたが、この犯人は事実をありのままに供述し、それがこの悲惨な事件の全容解明に大きな役割を果たしたと聞いている。法理論からは減刑事由《じゆう》の「自首」には当たらないとは思われるが、この残虐極まりない事件の中で、僅《わず》かながら救いがある。

地下鉄サリン事件などでも、林郁夫《はやしいくお》のように、教祖や仲間を裏切ってまで自分の関与した

事実の全部を包み隠さず自供し懺悔《ざんげ》した被告人もいる。十二人も殺害した犯行の実行犯の林に対して検事は無期懲役を求刑し、判決も求刑どおりになって一審で確定した。いろいろな意見もあろうが、私は、死刑でなく無期懲役の求刑は検察としてやむをえない苦渋《くじゅう》の選択だったと思う。

振り返って、被疑者の取調べというのは、良心を見失っている者に対し、良心を呼び戻させるものであり、そこに大きな意味があると私は考えている。

口は災いの元

昭和四十年代の中頃には、労働事件や学園紛争が全国的に多発し、暴行、脅迫、監禁、凶器準備集合、公務執行妨害などの罪で逮捕される者が膨大な数に上った。私は、昭和四十三年（一九六八年）から四十四年にかけて京都地検の公安労働係検事をしていたので、そのころは来る日も来る日もこうした事件の捜査に明け暮れた。

現行犯逮捕されて、証拠が歴然《れきぜん》としているのに黙秘する。「黙秘します」とも言わず、何を問われてもただ黙っていて、一言も答えないのを完黙《かんもく》と称していた。また、雑談には応じても、事件に関する質問をした途端に黙秘する者もいる。それでも心を込めて説得すれば自供する者もおり、黙秘する理由が分かっているだけに腹も立たなかったが、取調べに時間がかかるのには参った。

　当時は、この黙秘をやくざが真似して「黙秘する」などと見栄をはるものだから、「バカ、黙秘はお前らのような者がやるもんじゃないよ」などと冷やかすと、ペロッと舌を出したりした。今思うと妙な時代だった。

　黙秘も否認も、共犯事件とか組織的な背景のある事件に多いが、単独事件にもある。例えば痴漢事件で、社会的に名の通った会社の社長や大学教授などが被疑者として検挙《けんきょ》されてくる場合などに多い。もしもそんな破廉恥《はれんち》なことをしていたことが知られたら、たちまち週刊誌のネタになり、その地位を失い、家族からも軽蔑され、死ぬしかないというような気持になってしまう。

　前科もなく、一回限りの出来心と認められれば起訴猶予にしてお蔵《くら》入りにするのだが、猶予にするから本当のことを言え、といえば利益誘導になるので、こうした被疑者に対する取調べは意外に難しく、説得に時間がかかるのである。

否認は力の誇示？

　地位が上になればなるほど、その地位に対する執念は強い。ロッキード事件で、田中角栄《たなかかくえい》や橋本登美三郎《はしもととみさぶろう》、佐藤孝行《さとうたかゆき》らの政治家も収賄の事実を否認し、児玉誉士夫《こだまよしお》や小佐野賢治《おさのけんじ》らの政財界の黒幕も金銭の授受をほとんど否認した。

ロッキード事件以後も否認する政治家の体質は変わらず、それが政治家、ひいては政治に対する国民の不信の念を抜きがたいものにしていることを、当の本人たちはご存知《ぞんじ》ないらしい。検事に頭を下げる必要はない。国民や、自分を信じて国会に送ってくれた有権者にすまなかったと頭を下げるべきなのに、そういうことも分からず、また、司法は政治とは全く異なる波長で動いていて、政治の論理が通用する世界ではないこともわきまえずに、否認することが自分の力を誇示《こじ》することだとでも考えているのだろうか。そうだとしたら、高校生の時代に戻って一から勉強し直すしかないであろう。

こういう、否認しても有罪の証拠は十分で、否認することは本人に反省心がなく、再犯のおそれがあると認定されて、量刑上自分が損なだけなのにと思われるような事件は検事にとって楽なのだが、否認されたら背後関係が分からず、事件の実態が解明できないという場合には困るのである。

覚せい剤の蔓延が大きな問題となって久しいが、捕まるのは組織の末端《まったん》の者ばかりで、それが口を割《わ》らないかぎり組織の上の方に逮捕の網を延ばしていけない場合が多い。

例えば、一定の条件の下に電話傍受《ぼうじゅ》を認めるとか、何らかの強力で有効な立法的措置《そち》を講じないかぎり、外国の組織と手を結んで暗躍《あんやく》する不法集団を摘発することは困難であろう。

　こういうことを言うと、必ず基本的人権、適法手続という切り札を持ち出して猛烈に反対する学者や知識人が出てくる。国民がこうした暗黒集団の標的にされて薬物に汚染され、勤労意欲を失い、国が荒廃《こうはい》していくのを拱手傍観《きょうしゅぼうかん》しているのが人権尊重か、それが刑事法の理念で、国民が真に求めているところか、と反論したいが、ここでは深入りしない。

　いずれにせよ、組織を背景とする事件で否認されると事件全体の流れが分からず、犯罪組織の実態を解明できないことになるので、捜査官としてはその否認を打ち破るべく、被疑者と格闘を演じることになる。私も、こうした否認事件に苦労させられた。成功した例も多いが、失敗した例も少なくない。その失敗例の中で、今でも時々思い出すほろ苦い経験がある。札幌で新任検事をしていたころの事件である。

仲間は裏切れない

　当時、セル師の事件というのが全国的に横行《おうこう》した。

　セル師というのは、セルロイドを使ったパチンコ窃盗犯のことである。幅二、三センチメートルの薄くて細長いセルロイドの先端部分を斜めに切って、切り口と一、二ミリ離し、両面に粘着テープを張ってつなぐと、切り口部分で折れ曲がるようになる。これを何本か用意してパチンコ台の前に座る。そして、店員の目を盗んで前面のガラスを上に押し上げ、下にできた隙間からセルロイドをすばやく差し込み、先端部分を当たり穴に近いクギに引っかけてちょっと押し上げるようにすると、その先端部分が穴に向かってちょうどすべり台のような形になり、弾いた玉はこのセルロイドのすべり台に当たって穴に吸い込まれるように入っていく。

セルロイドは、穴の数に応じ、しかも穴の両側のクギに引っかけるように多数設定するので、弾いた玉はほとんど全部穴に入ることになり、ごく短時間でその台のパチンコ玉を空にすることができる。そこで取り尽くしたと見るや、すばやくセルロイドを抜いてガラスを下げ、他の台に移っていく。

この犯行は、三、四人が一グループとなって行うのが通常で、実際に操作をしている主犯の背後に立って共犯が幕となる。セルロイドは透明なので、これが台の中に差し込まれていても店員が気づかない場合が多く、セル師による荒稼ぎを見逃す結果となり、大きな被害に見舞われたパチンコ店が続出した。

その窃盗団が警戒中の店員に発見された。ガラスの内部が乱反射しているので、おかしいと直感したのである。店員に客も応援して追跡したが、逮捕できたのは一人で、あとは全員逃げてしまい、パチンコ台の下に落ちていたセルロイド二、三本も、店員たちがいじくり回していたため、逃げた犯人に結びつく指紋《しもん》は検出できなかった。

目撃供述などから、その逮捕された犯人は幕の一人と判断されたが、関西訛《なま》りのあるその中年の男は犯行を否認し、ヘラヘラと薄笑いを浮かべながら理由のない弁解を繰り返すばかりであった。

良心が蘇るとき

検事としては、本人に犯行を認めさせ、共犯者につながる供述を得たいのだが、同種前科もあるその男は、のらりくらりと否認を続けた。それが、取調べの回数が増えるに従って、次第に考え込むような態度を見せるようになり、「警察や検事を騙したつもりでも、自分の心は偽《いつわ》れないものだ。いずれ娑婆《しゃば》に戻ることになるだろうが、すぐ仲間と繋《つな》ぎがとれてまた泥棒行脚《あんぎゃ》だ。そんな人生に幕を下ろすいいチャンスなんだから、このあたりで一度清算したらどうなんだ」という説得にも素直に耳を傾けるようになった。

午後五時を回ったころだったと思うが、急に姿勢を正した。顔が紅潮《こうちょう》してきた。これはしゃべるな、と思った。何かを必死に吹っ切らせようとしているかのような表情が見えた。重苦しい沈黙の時間が過ぎていった。

もう少しだ、と思ったとき、遠くからチンドン屋の囃子《はやし》が聞こえてきた。まずいな。ここは官庁街で、ふだんはチンドン屋など来ることはないのに……。やがてにぎやかな囃子の音が近づいてきて、パチンコ屋開店の口上までハッキリと聞こえてくる。

すると男は、フゥーと長い息を吐《は》き、憑《つ》きものがポロリと落ちたかのような平べったい顔になって、

「検事さんには悪いけど、やっぱりやめときますわ」

と言った。あとは何を言ってもだめだった。

結局、この事件は犯行否認のまま起訴し、有罪となったのだが、もう一歩のところだったのにという痛恨の思い出だけが残った。それにしてもチンドン屋にタイミングを外されるとは、まったくついていない話であった。

その後パチンコ業界では、セル師対策にパチンコ台のガラスを固定してずり上がらないようにしたため、この種の事件は絶滅するに至ったが、形を変えたパチンコ窃盗は後を絶たず、さながらイタチごっこの観を呈《てい》していることは周知《しゅうち》のとおりである。

罪を悔いる瞬間

検事をしていて、相手の否認の壁を打ち破り自供に追い込んだ時ほど興奮を覚えることはない。特にその事件が難事件であればあるほど興奮も大きい。

千葉地検の検事をしていた当時の事件である。

私は昭和四十五年（一九七〇年）四月に京都から千葉に転勤してきて、公判を担当することになったのだが、前任者からの引継事件の中に、金融業者Tによる私文書偽造・同行使、横《おう》領《りょう》事件というのがあった。

事件は、Tが愛人のY女から相続問題の相談を持ちかけられたことから始まる。

Y女は、父親が死んで総武線の某駅に近い一等地にある四軒の土地付き貸し家を相続した。いずれも古い家なので、取り壊して更地《さらち》にすれば巨額の値段で売れる。広い土地だから、マンションや貸しビルを建ててもいい。しかし、いずれにせよ借家人に立ち退いてもらうことが先決である。そのための相談と、ほかの兄弟たちから「お前の相続した財産は多すぎる、四軒のうち三軒の家とその敷地は自分たちの方へよこせ」という強硬《きょうこう》な要求を受けて困っている、どうしたものかという相談をTに持ちかけた。Tは、「それならこの四軒の家と敷地をオレが社長をしているT社に売ったことにして所有名義をYからT社に移転するしか対策はない」と言った。「こうしておけば、T社ではその所有名義を理由に借家人と交渉して立ち退かせることができるし、ほかの兄弟からの要求も突っぱねてやることができる」と説得した。

Yは迷った。

T社は、特に貸金の取立てが厳しく、悪徳金融会社として鳴り響いており、社長のTは強欲《ごうよく》非道、千葉の三悪人の筆頭だと評判の男だから、T社の所有になっているとなれば、借家人も恐れをなして立ち退きに応ずることになるだろうし、ほかの兄弟たちも鳴りをひそめるだろう。それはいい。だが、逆にそういう男だから、四軒の家の名義をT社のものにしてしまうと、やがて手のひらを返し、自分が正当な売買によってYから買い取ったものだと言い出しかねない。

Tは、Yの不安を見透《す》かすように、

「お前も不安があるだろう、オレも痛くない腹を探られるのはいやだ。それではこうしよう、T社がこの四軒の家を買ったという契約書を作って所有権移転登記をすると同時に、T社名義の念書《ねんしょ》を作る。その念書にT社はYに頼まれて立ち退き問題の解決と相続人対策のために売買契約書を作成し所有権移転登記をしただけで、実際は所有権は移転しておらず、Yの要求があればいつでもT社からYへ返還し登記を抹消《まっしょう》すると明記し、それにT社の印を押してお前に渡しておくことにしよう、それでどうだ」

Yはうなずいた。

こうして四軒の家の所有名義はT社に移転し、売買契約書のほかにTが説明したとおりの内容が明記されたT社名義の念書が作成され、Yの手に渡された。その後T社の社員による強引な交渉が続けられた結果、四軒の借家人全員がわずかな立ち退き料で退去し、Yの兄弟たちはおびえて沈黙した。

Yは、懸案《けんあん》の事項がすべて片づいたことを喜んでいたが、Tの悪質なことは、この念書をすべてタイプライターで印字し、手書きの部分は一ヵ所も残さず、しかもわざと改印届前の古い会社印を押しておいたことだ。

縁の切れ目が事件の発端

TとYの関係は長くは続かなかった。

二人の間が破綻《はたん》すると、YはT社とTに対して売買契約の無効を理由にこの土地建物の返還と所有権移転登記の抹消を求めて民事訴訟を提起し、あわせて、所轄《しょかつ》警察署にTを私文書偽造・同行使、横領で告訴した。

Tは頑強《がんきょう》に否認したが、所轄署では告訴どおりの容疑ありとしてTを逮捕し、身柄《みがら》とともに事件を千葉地検に送付した。地検もこれを受けて、Tを犯行否認のまま起訴した。

Tは、公判でも頑として認めず、全面無罪を主張してことごとく争った。Tには別件の同種事件が何件か起訴されており、そのすべてを否認していたから、いつ終わるか見当もつかない長期公判事件として、千葉地裁の大きなお荷物になっていた。

この事件の最大の争点は、念書が真正なものかどうかという点にある。Tは、YがT社の経理課長Kをたらし込んで二人で偽造したものだと主張し、T申請の証人Kもその主張どおりの証言をした。

　いやな事件を引き継いでしまった。

　公判に提出していない記録を丹念《たんねん》に調査してみたが、Kの証言を否定しTの弁解を粉砕《ふんさい》できる有力な証拠は見当たらなかった。

　犯罪は被害者から始まる。途中で迷ったら、被害者に戻るのが捜査の常道《じょうどう》である。そこで、被害者のYから調べ直してみようと思い、Yを呼び出した。

　Yは三十六歳、細おもて、色白の美人だが、どこか崩れた雰囲気がある。シガレットケースをパチンと開け、煙草に火をつけると、いかにもうんざりしたような態度で、

「もう、言いたいことは全部言っちゃったわよ。あと何が聞きたいっていうのよ。もたもたしてないで、早くあいつを刑務所に入れてよ」

「念書のことだが……」

「何回、同じことを言ったら分かるの。法廷で言ったとおりよ。バカバカしい」

　こりゃいかん。被告人も被告人だが、被害者も被害者だ。悪徳金貸しの愛人になろうなんて奴だ。ろくなもんじゃない。いやな女だ。まあ、それは仕方がないとして、いったい真相はどうなんだ。このままだと、疑わしきは罰せずということになって、無罪になるかもしれない。

苦悩する息子

退庁間際に電話が鳴った。

「私はTの身内の者ですが、内々でお話ししたいことがあります」

「どんなお話しでしょう」

「お会いしてからでないと……。これからお伺いしてもよいでしょうか」

飲み会の予定があったが、仕方がない。

やってきた男は、なんとTの息子で、T社の常務取締役をしているWである。

Wは、Tの主張とKの証言は全部嘘です。実は私もこの偽装工作に関わってきた、と言った。たれ込みの動機は、Tの妻、すなわちWの母親に対する仕打ちにあった。

Tは戦後、妻と二人でリヤカーを引き、廃品回収の仕事で口を糊《のり》してきたが、闇物資の取引で巨富《きょふ》を築いた。やがてそれを資金にして金融業を始め、瞬《また》く間《た》に財を成したのだが、そうなると次々に女をつくっては子供を産ませ、妻が文句を言おうものなら殴る蹴るの限りを尽くし、挙げ句の果てに追い出してしまった。

そういう父に対する殺してやりたいほどの強い怒りと母の不憫《ふびん》さ、父の命令とはいえ、また、妻子を養っていかなければならない自分の立場からとはいえ、次々と偽装工作を重ねてどんどん深みにはまっていく自分に対する嫌悪感と無力感、そしてこれ以上父に罪を重ねさせたくないという正義感、それやこれやの気持ちから思い切って出てきたのです、と堰《せき》を切ったように話した。

T社では、このWが常務、腹違いのDが専務で、確執《かくしつ》があることは分かっていた。そういう社内の勢力争いも絡《から》み合っているのだろうと思ったが、動機よりも中身なので、日を改めてじっくり聞いた。その結果、たれ込みの内容は真実と断定した。

私は、昭和四十五年七月十六日早朝、所轄署の協力を得て保釈中のTを偽証教唆《きょうさ》、Kを偽証で逮捕し、T社を一斉捜索した。

Tは、連行される車の中で、私に「あんた、息子のあのバカ野郎の言うことを本気にしてこのオレを逮捕したんだろうが、これであんたも出世はパーだな」などと毒づいた。

Kの取調べは、大先輩の桑原一右《くわはらかずすけ》検事が引き受けてくれた。

TとKの勾留と接見《せっけん》禁止が認められた。Tの弁護団のメンバーが次々とやってきて不当逮捕だとか、国家賠償を請求するなどと恫喝《どうかつ》まがいのことを述べ立てたが、馬耳東風《ばじとうふう》と聞き流した。

Tの取調べは、あせらないで行こう、最後まで否認でも仕方がない、Wの供述で勝負だと腹を据《す》えた。

「検事、よく言ってくれた!」

Tはがっしりとした体軀《たいく》で、色が黒く、机を叩《たた》き、唾を飛ばしながら大声でわめき立てた。この小僧っ子検事めが、という態度がありありと見えた。その男が勾留三日目に自白した。

はじめ、こんなふうに切り出した。

「私は、京都からこの春転勤してきて、まだ三ヵ月しか経っていない。知ってのように、あんたとも法廷で一回しか会っていない。記録もまだよく読んでいない。だからというわけではないが、あんたに対して先入観はもっていないつもりだ」

「…………」

「息子を調べた。その結果、息子の言うことは大筋において偽りはないと信じた」

「それが甘いというんだ。あいつは会社を乗っ取ろうとしてたれ込んだんだ」

「動機はどうであるにせよ、血を分けた実の息子が親のことを敵方の検事のところへやって来て、洗いざらいしゃべっちまったんだ。〝外敵は破るに易《やす》く、内敵は破るに難《かた》し〟という言葉があるのを知っているか。いくら難攻不落の城でも、内通者《ないつうしゃ》が出て、城門の鍵を内側から外したら城は落ちる。身内が裏切ったらもうおしまいなんだよ」

「…………」

「あんたのことを、千葉の三悪人の一人だという人がいるそうだが、そうなのか？」

「ふざけたことをいうな！」

「まあ聞きなよ。私は、どうせ言うのなら三悪人ではなくて、三馬鹿の一人とでもいうのが正しいと思う」

「なに！」

「よく考えてごらん。今度の事件と公判に係属《けいぞく》しているあんたの否認事件、いずれ併合審理されることになるが、判決まであとどのくらいかかると思う？」

「三、四年だな」

「有罪になったらどうする？」

「当然控訴だ！」

「無罪なら検事が控訴するから、いずれにしても控訴だな。ところで控訴審ではどのくらいかかると思う？」

「まあ、四、五年か」

「それで上告となったら？」

「三、四年というところだろう」

「もっとかかると私は踏んでいるが、まあ、いい。あんたの言った長めのところをとって数えてみると、四、五、四で、合計十三年。判決確定まであと十三年かかることになる。ところで、あんた今幾《いく》つだ？」

「………」

「五十八歳だよね。そうすると、判決が確定したとき、あんたは七十一歳だ」

「………」

「めでたく無罪ならいいが、有罪で実刑なら、あんた七十一歳で刑務所に入ることになる」

「………」

「人間、六十代はゴールデンエイジといってね。ゆったり、心楽しく過ごすものなんだよ。それを、あんなつまらない女に意地を張って、折角《せっかく》のゴールデンエイジを裁判で明け暮れ、挙げ句の果てに刑務所行き、下手すると刑務所の中で、あんた、死ぬことになる。そんな簡単なことが分からないのか。だから三悪人じゃなくて三馬鹿の一人だと言ったんだよ」

やさしく、諭《さと》すように言ったつもりだったが、内容はちょっときつすぎたかな、と思った。

Tは、真っ赤になり、机の上に突き出した両こぶしがブルブルと震え、血走った目で私をしばらく凝視《ぎょうし》していたかと思うと、突然バッと立ち上がった。殴りかかられるかと思って、私も身構えた。

「検事、よく言ってくれた！　今までオレにそんなことを言ってくれた人間は一人もいなかった。よく分かった。オレは財産が目当てじゃなかった。オレを裏切ってコケにしたあいつが憎らしくてたまらなかったんだ。検事は今、あいつのことをつまらねえ女だと言ってくれた。さすが検事はよく見てくれた。オレは、検事のその一言で満足した。罪はすべて認める。オレは今まで誰にも頭を下げたことのない人間だ。それで警察にも検事にも憎まれ、初犯でも実刑だった。そのオレが初めて頭を下げる。オレが悪かった！」

Tは、深々と頭を下げた。

Kも自白し、逮捕状どおりTを偽証教唆、Kを偽証で起訴した。Tは係属中の事件を含めてすべて認めたので、千葉地裁の最長期未決事件も一気に片づき、裁判官や書記官に喜ばれた。Tは懲役三年の実刑、Kは懲役一年執行猶予三年で、いずれも一審で確定し、Tは府中刑務所に服役した。

自供がやがて否認に変わる

捜査段階で自供していたのに公判で否認する人がいる。特に贈収賄事件や選挙違反事件で目立つが、その他の事件においても少なくない。

〝ロッキード事件〟では、丸紅の檜山《ひやま》広《ひろ》社長、田中角栄の秘書榎本《えのもと》敏夫《としお》らも捜査段階では自供していたのに、公判になって否認に転じた。

否認に転ずる理由は、事件により、被告人により異なるが、捜査段階では素直に認めたものの、いざ公判となり、これで認めてしまえば自分の刑事責任は動かないものとなり、社会の厳しい批判にさらされると考えたとき、保身に走って、必死の抵抗を試みようとするのが大方のところであろう。いずれにせよ、公判で否認に転じた場合には、捜査段階の自供と公判での主張といずれが正しいかが審理の対象になり、ここで検察官は自供の任意性と信用性の立証という重い責任を背負わされることになる。

私が担当した事件の中で、自供の任意性の立証などについて一番苦労したのは〝千葉大チフス菌事件〟であった。

この事件は、千葉大医学部付属病院第一内科第六研究室に勤務する医師鈴本満（仮名）が、昭和三十九年九月から四十一年三月までの約一年半の間に、十三回にわたって、合計六十四名の者に対し、チフス菌や赤痢《せきり》菌を故意に付着《ふちゃく》させた食品等を食べさせるなどして腸チフスや赤痢にかからせたという傷害事件である。

鈴本の取調べを担当したのは、千葉県警捜査第一課の鈴木美夫《すずきよしお》警部、大矢房治《おおやふさじ》警部、日色義《ひいろよし》忠《ただ》警部補の三人で、瀧本藤市《たきもととういち》捜査一課長は三人に、「本件は細菌を手段にした密室的犯罪で、被告人から聞き出す以外に犯行方法や動機・原因は知るすべはない。しかもその供述は任意性が保たれていなければ公判段階で直接証拠を失うことになる。任意性の確保には細心の配慮をするように」

と指示した。前例のない事件に取り組む県警の悲壮《ひそう》な姿が浮かんでくる。

私は、鈴木警部、大矢警部、日色警部補の三人と主任検事・山岡文雄《やまおかふみお》氏（現在弁護士）の証人尋問を担当した。

鈴木警部は、事件の取調べというより、むしろ専門家から説明を受けるという態度で臨もうと考えたという。

「説得しようにも、説得する力がこっちにはない。ですから、その点はどうだろう、この点についてはどうなんだろうということで、説明を受けると、こういうことだったですね」

と証言し、大矢警部も、被告人が最高学府を出て社会的な地位の高い医師という身分にあることを十分にわきまえ、名前を呼ぶにも「君」を使うなど、細かい神経を遣ったと証言している。

鈴本は、弁解録取《べんかいろくしゅ》の段階では否認、裁判官の勾留尋問でも否認したが、少しずつ態度を軟化させていき、ポツリ、ポツリと犯行を認めるような供述が出てきた。そして昭和四十一年四月十三日に自供が始まった。そのときの状況について、主に記録を担当していた日色警部補は次のように証言している。

「十三日の夜になりまして、七時過ぎでしたか、体をがたがた震わせてきたり、のどぼとけをごくりごくりやるようになってきまして、顔面を紅潮させてきまして、そして、『とにかく私の言うことを聞いてください』というような内容で自供を始めました。それも最初は事件のことじゃなくて、いままでの大学の問題やら弟のこと、妻を旧姓にもどしてもらいたいということ、それから自分の子供がチフスの鈴木の子供だと言われたくないから籍を抜いて帰ってもらいたいと、あるいは故郷の父母、特に母が体の具合が悪いとか、そういう自分の身辺のことについて供述しましてから〔中略〕、いままで三島や千葉大などでいろいろありますが、そのうちでもいわゆるバナナ事件、カステラ事件、川鉄《かわてつ》のカルピス事件、それから堀内十助方と、もう一ヵ所どこだったかな、ちょっとはっきりしませんが、何か数件は自分がやったと言いだしました。これは、こちらが口をきく間もなく、本人がほとばしるように自分ですらすら述べたんです」

犯罪者も人の子

取調べが終了して三人の刑事が席を立とうとしたとき、鈴木は、いまから新聞発表されると郷里のおふくろが倒れて死んでしまうんじゃないか、警察の方で何か手を打ってください、と懇願《こんがん》した。そこで日色警部補ともう一人の刑事が上司の指示で午前一時ごろ車で千葉を出発し、午前四時ごろ静岡県駿東郡の鈴本の実家に着いて、鈴本の両親と会い、くれぐれも取り乱すことがないように説得した。

説得しているうちに、日色警部補と父親がともに感極まって泣きだしてしまうという場面もあった。やがて息子にと、父親の手から託されたチューリップの花を日色警部補が持ち帰り、それを牛乳瓶《びん》に差して、取調室の机の上に飾ったという、実に臨場感あふれる情景を証言した。

公判になると、鈴本は否認に転じた。警察官からひどい取調べを受けてやむなく自供したが、本当は自分はやっていないと主張した。

自白の任意性の立証がこの公判の一つの大きなヤマ場で、三人の警察官は弁護人から厳しい反対尋問を受けたが、全く動じるところがなかった。

この事件、第一審では無罪で、検事控訴したのだが、一審でも自供の任意性だけは正しく認定しているのである。

取調べの妙

任意性のある、しかも内容真実の自供を得るということは、捜査官にとってもっとも基本的な留意事項である。しかし、頑強な否認を打ち破って自供を得るということは、なかなか難しいことだというのも事実で、結局は一生の修練《しゅうれん》であろう。

一緒にロッキード事件の公判を担当して苦労した仲間の一人に池田茂穂《いけだしげお》氏（現在盛岡地検検事正）がいる。その池田氏が書いて検察庁職員の機関誌『研修』に掲載された随筆に「吟味《ぎんみ》の口伝《くでん》」というのがある。少し紹介してみたい。

これは江戸町奉行与力《よりき》の一人が自分の後を継いで与力となる子孫に残した取調べの心得である。その中に、現代でも通じるものがある。

例えば、「雑人《ぞうにん》といへども罵言誹謗《ばげんひぼう》の語気を以て吟味すまじく候」というのがある。雑人というのは、身分のいやしい者という意味のようだが、たとえ相手がそのような者であっても、ののしり、いやしめるような態度で取調べに当たってはならないということである。

口伝は続いて「慈悲の心自然と彼の心に感じ、責められながらも余儀《よぎ》なしと思はしむるが専一に候」と説く。また、「吟味中折りには激声を発し、叱咤《しった》することあれども、始より大声を発するは、末には声枯れて聴き苦し」つまり、初めから大声で怒鳴りつけるような取調べをしていると、最後には声が枯れてみっともない、などとかなり具体的に説く。

池田氏の解説によれば、「取調べにおいては、時に被疑者の反省や自覚を促《うなが》すことはあっても、相手の人格や人間性を否定するような言動は絶対にとるべきではない。そんなことをしても、取調官の人格を疑わせ、反感を増大させ、被疑者との間に感情的なしこりを残すのみで、到底真実の供述を引き出すことは不可能である」ということになる。

その他、「囚人の顔を見詰めて吟味するが肝要に候」、「愛憎の念を去り、明鏡《めいきょう》の如《ごと》く心を澄まして行ふべきこと」、「正直の者、一点の疑心なければ何を尋ねられ候ても一向平気にて、答ふべきは答へ、知らざるは知らずと申候。数回尋問候ても事実なれば前後不揃は無之候得共《これなくそうらえども》若し偽りの申立に候はば答弁も其都度《そのつど》相違致し候。何事も無き事にても力を入れ苦しむ者に候。かかる内には偽りの申立には必《かならず》押処《おすところ》出来て申抜け詰まり、終《つい》に知らず知らずに白状致し候」などと、取調べの心得や勘どころを詳しく述べているのである。

江戸町奉行与力も、取調べの心得や技法には心を砕《くだ》いていたことが分かる。

現代の吟味方与力である捜査官にも、参考とすべき点が多いのではなかろうか。

第三章

証拠の発掘現場

死体は語る

「お前ネ、考えてもごらん。よくよくのことだよ、死んで海に浮かんでいるなんてことは。せめてお前だけでも、かわいそうな人なんだなぁと思って、ていねいに扱ってやらなきゃ、成仏できないだろうが」

海に漂《ただよ》っている腐乱死体の収容作業が気持ち悪くてたまらず、もう転職したいと訴える水上警察の勤務についたばかりの息子に母が諭す場面である。ハッと虚を衝《つ》かれた息子は、その後、この母の言葉を胸に、どんな腐乱した死体でも、「かわいそうに、苦しかっただろうなぁ」と手を合わせながら収容作業に努めたと、手記に書いている。

第一線の警察官はもちろんだが、検事も凄惨《せいさん》な殺人現場や事故現場に臨場《りんじょう》したり、死体解剖に立ち会うことがある。これも仕事のうちと、意を決して臨む。

初めての解剖

司法修習生になって検察実務修習に入ると、必ず一、二回は死体解剖に立ち会う。

私が解剖に立ち会った初めての死体は、プールの底に沈んでいた若い女性の死体で、警察の地下にある解剖室の石の台の上に全裸であお向けに寝かされていた。死体の頭部に近い場所に経机《きょうづくえ》が置いてあり、線香の煙が立ちのぼっている。

損傷の部位・状況、死斑《しはん》の程度などの外部的所見《しょけん》が細かく記録される。

「それでは始めます」との解剖医の声に、鑑識《かんしき》課の警察官が「お願いします」と答え、一同合掌《がっしょう》する。

解剖医は、メスを死体の首の下に深く刺し、恥骨《ちこつ》の上辺まで一気に切り裂く。鑑識課員二人が両側からその切り口に手を入れ、左右に開くと、赤紫色の胸・腹部が現れる。メスで肋骨《ろっこつ》の両側部をスパスパと切り離し、下方から持ち上げるようにしてはがすと、ペリッというような音がして、胸部の軟部組織が露出《ろしゅつ》する。各臓器が慎重に取り出され、背中側に溜《た》まった血液はステンレスのコップで汲《く》み出される。

頭部は、片方の耳の上から頭頂部を通るようにして他方の耳の上までメスが入れられ、切り口を前後に開くと、頭蓋骨が剝《む》き出しになる。めくれた前方の頭皮は死体の顔を覆《おお》う形になり、裏返しにされた頭皮の下から頭髪がはみ出て顔から喉《のど》を覆う。異様な光景だ。頭蓋骨は、脳を傷めないように注意しながら、ノコギリで慎重に切る。お碗のように丸くノコギリの目の入った頭骨をパカッと剝がすと、大脳部が現れる。

解剖作業は、テキパキと進められ、解剖医の口述する内容を鑑識課員が次々とノートしていく。死体の足の方に立って見学していた私に、解剖医が「そこの人、足を押さえて！」というので、仕方なく死体の両足首を両手で押さえた。その冷たかったこと。

解剖が終わり、精密検査用の検体《けんたい》が採取されると、臓器や脳が残らず胸腹部に収められて縫《ほう》合《ごう》される。丸く切り取られた頭骨も元の位置に戻され、頭皮も元通りにされて丁寧に縫合される。「ああ、君もういいよ」と言われ、押さえていた手を離した。足の指の赤いマニキュアが印象に残った。あとは死体に付着《ふちゃく》した血液などがきれいに拭《ふ》き取られ、一同合掌して完了する。

長時間の緊張した解剖がやっと終わって外へ出ると、太陽の光がまぶしく、私は異次元の世界から解放されたような興奮で、仲間の誰彼となく握手して回った。

死体からのメッセージ

「清水さんの手、ずいぶん冷たいわねぇ」

と修習生の鈴木元子《すずきもとこ》さん。

「そりゃそうだろう、長いこと死体の足首を押さえていたんだもの！」

元子さんは、「キャッ」と飛びすさって言った。

「いやーな人！」

鈴木さんは弁護士になった。余談だが、八年後、まさかこの鈴木元子弁護士と千葉大チフス菌事件を争うことになるとは思わなかった。

検察庁に戻り、精進落《しょうじんお》としと称して修習室でヤカン酒を飲んだが、つまみのハムやソーセージに箸《はし》をつける者は誰もおらず、スルメと柿のタネばかりが売れた。

指導官の三野昌伸《みのまさのぶ》検事がしんみりと言った。

「君たち、解剖を見て気持ち悪くなっただろうが、死体は自分を全部さらけ出して、こんな姿にさせた奴を探してくれ、捕まえて厳罰に処してくれと全身で訴えてるんだ。死体の発する信号を一つでも絶対に見落としちゃいかん。気持ち悪いなんて言っている奴は、プロにはなれねえぞ」

検事に任官して死体解剖にも少しずつ慣れていったが、焼死体や腐乱死体は苦手で、二の足を踏む。私は体質的に臭いに敏感すぎるのか、死体の放つ強烈な臭いがたまらなかった。そういう死体でも、いささかも動ずることなく、淡々《たんたん》と解剖に従事する法医学者やその補助をする鑑識課の警察官には頭が下がった。

ある時、解剖医に聞いてみたことがある。

「先生、週に何体も解剖されていて、中には気持ちの悪くなるような死体というものもあるんじゃないですか」

「そんなことはないよ。連絡が入るとね、今日はどんな仏さんと会えるのかなって、楽しみなんだよ」

プロとは凄《すご》いものだ。

私は、とうとうプロにはなりきれなかったと告白するしかない。

事故死か、病死か？

福島地検の検事正をしていた平成五年（一九九三年）のことである。仙台高検の米田《よねだ》昭《あきら》検事長から電話があった。

「仙台地検の検事が交通事故に遭い、仙台の病院に入院していたが、昨日息を引き取った。事故現場は仙台管内だが、福島の出身で遺体は郡山（福島県）の実家に今日着く予定だ。報告によると、死因は肝臓疾患《しっかん》で、事故と直接の因果関係はないというような病院側の説明だが、腑《ふ》に落ちないところがある。福島地検の方で対応してもらえないか」

すぐ次席検事の五島幸雄《ごとうゆきお》氏（現在福岡地検次席検事）を呼んで、仙台地検と連絡をとらせ、事情の把握に努めたところ、次のようなことが分かった。

被害者は、福島地検で副検事をしている当時、難関の検察官特別考試に合格して検事に任官し、仙台地検に赴任《ふにん》した。郡山が実家なので、週末などには仙台から車で父母の住む郡山の実家に帰っていた。

事故当日は、妻を助手席に乗せ、宮城県から福島県の海岸線に沿って走る国道6号線を走行中、対向車線から進入してきた乗用車と正面衝突した。対向車の運転手は医師で、原因は居眠り運転であった。

妻は危うく命を取りとめたが、その検事はしばらく入院後に死亡した。

問題は、その死亡診断書で、死因は肝臓疾患によるものとされていた。これでは事故と死亡との直接の因果関係は認められず、業務上過失致死ではなく業務上過失傷害の責任しか認められないおそれがある。確かにこの検事は肝臓が悪く、通院していたことは間違いない。だが、病理解剖もしないで死因を肝臓疾患と診断しているのは問題ではないか。

調べてみると、加害者の医師とこの病院の医師たちは同じ大学医学部の卒業である。身内をかばうという意識が働いてこの医師に有利な診断を下した可能性も否定できない。

業務上過失致死とされるか業務上過失傷害とされるかは、刑事責任上はもちろん、民事の損害賠償責任の有無・程度を判断する上で大きな相違が出てくる。これは被害者が検事であるかどうかの問題ではない。この事実を解明する手段はただ一つ、遺体を解剖して調べてみるしかない。しかし、遺族の強い抵抗にあった。

私は、五島次席に指示して、被害者と仲のよかった郡山支部の副検事に連絡し遺族の同意を得るよう説得させた。しかし、遺族は拒否した。これ以上遺体を傷つけて苦しめたくない。それに故人は生前から「自分がどんな原因で死んでも絶対に解剖だけはするな」と強く言っていた、このままそっと野辺《のべ》の送りをさせてもらいたい、ということで、説得に当たった副検事も力及ばず申し訳ないと肩を落としたという。その気持ちは痛いほど分かる。しかし、後で必ず問題が起こる。

一日の空白が真実を明らかに

葬儀屋も決まり、明日が通夜《つや》だという。しかし、遺体は今日仙台から郡山の実家に到着しているはずなのに、なぜ今夜ではないのか。

そのとき、ふとひらめいた。

暦《こよみ》を出して見た。今日は友引に当たる。だから通夜は明日になるのだ。

すぐに五島次席を呼んだ。

「遺体は明日の晩まで実家にある。明日の朝早く郡山まで行ってくれ。そして遺族を説得し、何としても解剖の承諾《しょうだく》をとり、なるべく早く解剖して通夜が始まる前に遺族のもとに返すように。それから解剖医にも連絡を取っておくように」

翌朝暗いうちに福島を出発した五島次席は、夜明け前に郡山に着き、遺族が起きてくるまで玄関先でじっと待っていた。

遺族は感動し、早速《さっそく》親族を呼び集めた。

五島次席は、もともと熱血漢《ねっけつかん》だが、その次席が遺体の解剖をしなければならない理由を遺族と親族に向かってこんこんと説明し、自分としても同僚である検事の遺体を解剖に付《ふ》するというのはつらく忍びないことだが、どうか了承《りょうしょう》してもらいたいと涙ながらに説得した。遺族も親族もみな、次席の態度に感動し、別室に下がって親族会議を開いた結果、通夜に間に合うように遺体を返してくれればという条件で全員解剖を了承してくれたということであった。

こうして柩《ひつぎ》に入れたままの遺体が郡山から福島まで搬送《はんそう》され、某大学医学部の教授の執刀《しっとう》で解剖に付された。五島次席が解剖に立ち会った。この解剖の結果、死因は瞬間的に大きな物理的な力が体の前面に加わったことによる多臓器不全だったということが判明し、肝臓疾患が進行していた事実は認められるが、それが直接の死因とは到底《とうてい》認められないという鑑定結果が得られた。こうして死因が交通事故によるものであることが明らかになった。加害者の医師が業務上過失致死の罪名で起訴されたのは言うまでもない。

五島次席の熱意の成果であった。私は、よい部下を持ったとしみじみ思った。

四十九日が過ぎてから、未亡人が挨拶《あいさつ》に来て、その後すべて円満に事が運び、これも次席さんのおかげですと、深々と頭を下げて帰って行った。

友引で一日空いていたこと、これも奇跡といえば言えないこともないような気がする。

証拠はいつも常識の外に

証拠には、目で見、手で触れることができる有形的な証拠が多いが、目に見えないものもある。発見・確保が特に困難なのは、オウム真理教グループによる一連のサリン事件でも分かるように、目に見えない無形的証拠である。しかし、さりとて有形的証拠は発見・確保が容易だともいえない。犯罪事実と犯人に結びつく証拠をいかにしてつかむか、捜査の成否《せいひ》はこの一点にかかっていると言ってよい。

特に印象に残っている二つの事件について触れてみたい。

握りしめていた飾りボタン

京秀治郎《みやこひでじろう》検事（現在公証人）が主任で、私が応援として加わった強盗殺人事件の捜査でのことである。

昭和四十三年（一九六八年）の冬、釧路郊外の建設作業員宿舎で賄《まかな》い婦が鈍器《どんき》で頭部を強打されて殺害され、所持金を奪われるという事件が発生した。しかし、犯人はどうしても捕まらず、捜査本部も解散し、迷宮入りかと思われたころ、犯人が逮捕された。

被疑者と一件記録が釧路地検に送致《そうち》され、一期先輩の京検事が主任検事となって被疑者の取調べに集中し、私は参考人の取調べなど周辺捜査に従事《じゅうじ》した。検事の数が少ない小地検で大きな事件が送致されてくると、共同して捜査に当たることになる。

被疑者は警察段階ですでに自供しており、事件の捜査自体にはさほど難しい問題はなかったが、その記録を検討してみて、ウーンと唸《うな》った。

「京さん、この刑事、すごいねえ」

「うん。刑事魂っていうのかな。だけど、こんな刑事はだんだん少なくなってきているんじゃないのかなぁ」

この事件、凶器も、遺留指紋や足跡も発見されず、目撃者も皆無《かいむ》で、犯人と結びつく物証としてはただ一つ、死者が手に握りしめていた飾りボタン一個だけであった。

飾りボタンというのは、オーバーやスプリングコートの袖口《そでぐち》にアクセサリーとして付いているボタンのことであるが、固く握りしめた死者の左手の指をほどいていくと、手のひらの中にこの飾りボタンがあり、死者は犯人に首を締められながら必死で犯人の袖口をつかんで抵抗し、その際、飾りボタンを無意識に引きちぎって、それを握りしめたまま絶命したものと推定された。

広範囲にわたる聞き込み捜査の結果も手掛かりが得られず、飾りボタンからコートの所持者を割り出そうとする捜査も頓挫《とんざ》した。

刑事の執念

その犯人が市内のパチンコ屋で逮捕された。

定年も遠くない初老の刑事Aは、映画館と駅の切符売場、パチンコ屋を中心に、探索を続けていた。いずれも客が必ず腕を上げる場所である。飾りボタンの取れたコートを着ている者はいないか、狙《ねら》いはその一点であった。

しかし、考えてみれば、犯行後自分のコートの飾りボタンが取れているのに気がつかない間抜けな犯人はいない。そんなコートを着て歩き回ったりしたら、自分が犯人だとふれてまわるようなものだ。Aの努力は間違いなく徒労《とろう》に帰するはずであった。

ところが、Aはついに発見した。パチンコ台に向かい夢中でタマを弾《はじ》いているその男のスプリングコートの右袖に飾りボタンがなく、さりげなく回り込んで見た左袖に、被害者が握りしめていたのと同じ飾りボタンが紛《まぎ》れもなくついているのを！

Ａが所轄《しょかつ》署に任意同行を求め、追及したところ、男は犯行を認めた。精神科病院に入院中の夜間、同室者の寝ている隙《すき》に窓から抜け出して犯行に及び、その後何食わぬ顔をして舞い戻っていた元その作業員宿舎の土木作業員の犯行であった。

後で聞いたことだが、警察ではこの男も有力な容疑者の一人としてマークし、参考人として事情を聴取した。しかし、入院していたのは二人部屋で、同室者を調べたところ、一緒に電灯を消して就寝した。明け方小便をしに部屋を出たときもその男は寝ていたし、朝起きたときも隣のベッドでまだ寝ていた、と断言し、嘘《うそ》を言っているとも思われず、結局は「その部屋を出たことはない」という男のアリバイの主張を覆《くつがえ》すことができなかったということであった。

私は、その精神科病院に行ってみたが、病室は一階で、鉄格子《てつごうし》等はなく、同室者が寝込んだのを見すまして窓のガラス戸を開ければ、簡単に窓から外の庭に出られる構造になっていた。

京検事は死刑を求刑したが、無期懲役となった。

検事をしていると、警察から講義を頼まれることがある。私は、よくこの事件の話をした。こういう刑事を本当の刑事というんじゃないのか、刑事魂を失ったら警察は終わりだよ、と最後に言うのだが、深くうなずく警察官が多かった。

消えた遺体

浦和のいわゆる〝愛犬家連続殺人事件〟のことである。

すでに冒頭陳述や新聞記事などを通じて事件の内容は一般に公表されている上、共犯者で被告人の一人、山崎永幸《やまざきながゆき》の有罪が確定し（懲役三年）、その犯罪事実も明らかにされている。その範囲を越えない限りで、当時浦和地検の検事正だった私が一番衝撃を受けた事柄について書き止めておきたい。

この事件は、犬猫等繁殖販売業の店を経営する被告人関根元《せきねげん》と内妻風間博子《かざまひろこ》が、いずれも犬の取引のトラブルなどから平成四年（一九九二年）八月に一人、同五年四月に一人、同年七月に二人、合計四人を殺害し、同業の山崎を仲間に引き入れて山崎方の風呂場で遺体を解体し、肉や内臓は刻《きざ》んで川へ、骨や所持品はドラムカンで焼却した上、細かく砕《くだ》いて川や山林内に捨てたという容疑の事件である。死体を解体処理した上廃棄《はいき》したので、主犯格の関根は、山崎に対して、「何の心配もない。ボディがないんだから」などと広言《こうげん》し、完全犯罪に強い自信をもっていたようである。

これは補足だが、報道によると風間博子は「元妻」とされている。確かに関根と風間は法律上婚姻関係を解消している。だが、これは借金などを逃れるためのいわば偽装離婚であって、事実上の婚姻関係は続いているというのが検察官の主張である。

所轄の埼玉県警行田《ぎょうだ》警察署は、被害者四人の家族から捜索願いを受けて内偵《ないてい》を開始し、いずれも関根と会った直後に行方を絶《た》っていることなどから、関根に焦点を当てて捜査を続けたものの、証拠がつかめない。そこで関根・風間夫婦とはやや距離を置いた立場にある山崎を突破口にして事件解決に当たることにし、埼玉県警本部捜査第一課主導の下に辛抱《しんぼう》強い捜査を重ねて周辺事実を固めた上、山崎に任意出頭《しゅっとう》を求めて取り調べた。

平成六年十二月八日、山崎の自供が始まった。

山崎は、関根・風間夫婦の口振りなどから、口封じのために自分もいつかは殺《や》られると恐れていたので、自分が自供し、二人が逮捕されれば自分は殺られなくてすむことになる、と内心ほっとしたような気持ちだったようだ。

山崎の自供から、死体を砕いて捨てた場所の群馬県・片品村の川や山林の捜索が開始されたが、最初の殺人から約二年四ヵ月、最後の殺人から約一年五ヵ月が経過している。死体の肉や内臓は当然なくなっているが、骨などは残っている可能性はある。こうして厳冬の十二月、群馬県警の協力の下に多数の捜査員が川に入り、何日もかけて証拠品の発見に努めた。その様子がテレビにも放映された。川は常に流れているし、長い時間も経過している。骨片《こっぺん》や所持品の燃えかすなどはとうの昔に流れ去ってしまっているはずだ。

焼け残った腕時計

ところが、川底から被害者の所持品だった鍵・ライター・義歯も発見され、崖《がけ》の斜面から多数の細かい骨片が発見された。また、山林の中からは焼けていびつになった腕時計が発見された。

その腕時計の写真を見た。スイス製の腕時計ローレックスで、焼け焦《こ》げて変形してはいるが、裏蓋《うらぶた》に製造ナンバーが刻印《こくいん》されているのが読み取れる。そのナンバーや周辺捜査の結果などから、被害者が生前身につけていた所持品に間違いないという事実が判明し、山崎の自供の裏付けがとれた。

関根、風間の二人を逮捕しても、二人に否認された場合、山崎の自供一本だけでは、それが万一崩れたとき支えるものがない。しかし、こうして物的証拠によって山崎の自供が裏付けられた以上、もはや関根、風間の二人の逮捕を妨げる障害はない。そこで警察側と逮捕時期についての協議に入った。

その結果、いま逮捕すると、年末年始の休暇に捜査のピークを迎えてしまう。捜査員は疲労困憊《こんぱい》の極《きわみ》にある。正月はゆっくり休んで英気を養い、休暇が終わってから改めて協議することになった。

被害者の怨念が残すもの

明けて平成七年一月四日。役所では御用始めで、職員を前に年頭の挨拶をしてから、例年のとおり冷や酒、スルメで一杯やっていると、日が暮れかけたころ県警の幹部から高村七男《たかむらななお》次席検事宛てに電話が入った。「ちょっと失礼」と言って、次席が部屋を出ていった。

やがて戻ってきた次席は、「某新聞が明日の朝刊トップでこの事件を抜くというので、県警では抜かれる前に逮捕に踏み切りたいと言ってきた」と言う。やむをえない。すぐ東京高検に連絡した。大きい事件の強制捜査に着手するときには必ず上級庁の了承《りょうしょう》を得ておくのが検察の慣例《かんれい》である。

しかし、御用始めの日の夜で、幹部と連絡が取れない。取れたとしても十分に説明している余裕はない。資料を送れなどと言われてもすぐに送れるわけがない。やむをえない。事後承諾《しょうだく》でいこうと腹を決めた。事前に焼け焦《こ》げた時計の裏蓋の写真を見ていたので、確信をもってゴーサインを出せる。

次席から県警に「浦和地検としても県警の方針どおり対応する」と返事させた。こうして翌五日、行田警察署は県警本部の応援を得て関根、風間の二人を逮捕した。

私は、この事件で、犯人たちが完全に消し去ったと安心していた証拠が残っていた、特にドラムカンでガソリンをかけ骨や肉と一緒に焼いたという所持品の中に焼け焦げた腕時計が残っていて、その裏蓋のナンバーが読み取れ、それが被害者の確認に結びついたということに驚きを禁じえなかった。

無念の思いを残して殺害された被害者は、犯人に結びつく証拠を必ずどこかに残していくものだという話を古い先輩から聞いたことがある。被害者の怨念《おんねん》としか説明しようがない。川の中に投げ捨てたものが一年以上も流されないで同じ場所に残っているというのも常識では考えられないのだが、群馬県警にこうした事件に詳しい鑑識官がいて、全部は流されず、必ず何かは残っているものだと主張し、そのとおりになったということであった。

証拠というのは、常識的な世界の外にひそんでいることもあるのだ。

関根と風間の二人は、まだ公判係属中である。私は二人が有罪だという論証をここでしているわけではない。そういう立場ではないし、その必要もない。すでに山崎の関係で証拠に採用されている物証の発見過程を、私が認識・経験した範囲で書き止めておく、ただそれだけのことである。

刑事裁判の世界では、何よりも事実の認定が大切だとされている。事実がありのままに認定できれば、その事実が犯罪に該当《がいとう》するか否か、該当するとして何罪に該当するかという判断はさして難しいことではない。そして、罪名と事実の内容が明らかになれば、その被告人に対してどの程度の刑罰を科すべきかの量刑《りょうけい》は、蓄積された判例や検察における処理例、それに一般の社会通念と経験則によって自《おの》ずから決まってくるのである。

それでは事実はどのようにして認定するのか。証拠によって認定するのである。したがって、捜査機関は証拠の発見に全力を上げることになる。しかし、証拠を発見し、間違いないと絶対の自信をもって起訴した事件でも、いざ公判になると、弁護人の反論・反証にあってその証拠の価値が激しく争われ、それをしのぎ切って有罪になる場合が圧倒的に多いのだが、犯罪事実の証明なしとして無罪となる場合もある。

それでは、その攻防の修羅場《しゅらば》を、私の検察官人生に大きく立ちはだかった千葉大チフス菌事件とロッキード事件という二つの大事件について、さまざまな思いやエピソードをはさみながら明らかにしてみたい。

第二部　巨大な悪に挑む

第四章

法廷闘争——千葉大チフス菌事件

転勤は、事件との出会い

私は、札幌を振出しに、釧路、京都、千葉、東京、名古屋、札幌、東京、福島そして浦和と、十回転勤した。

司法研修所で同じクラスだった親しい友人の弁護士と話したことがある。

「弁護士は転勤がなくて、うらやましいよ」

「しかし、弁護士でも転勤があったらいいなあって思うときもあるんだよ」

「どんなとき？」

「やくざ絡《がら》みのスジの悪い事件を引き受けてしまったときなんかだよ」

「そんな事件、断っちゃったらいいじゃないか」

「はじめからそれと分かっていたら引き受けやしないよ。ごく普通の事件だと思って引き受けたら、あとでやくざ絡みの事件だと分かって、断ろうとしたらスゴまれたりして……。事務所の待合室に一目でそれと分かるような奴らが詰《つ》めかけて居てみろよ。いいお客さんは怖がって来なくなるし、顧問先も離れていってしまう」

「それもそうだな」

「ゼニカネの問題じゃないよ。そんな事件に引っ掛かった時なんか、転勤のある裁判官や検事がうらやましくなる。転勤という錦《にしき》の御旗《みはた》で、ハイさよなら、だもんな」

弁護士は、普通、信用できる人からの紹介でなければ事件を引き受けないというが、防衛のためやむをえないようだ。

たしかに、検事の場合、いやな事件にぶつかっても、転勤でその事件から逃げることができる。いやな上司がいても、しばらく我慢《がまん》していれば転勤でおさらばだ。しかし、転勤してきたらもっと大変な事件が待ち構えていたとか、前に大喧嘩《げんか》した上司とまたそこでバッタリとかいうこともあり、悲喜こもごもの展開になる。

転勤は、人との出会いと別れであるとともに、検事の場合は事件との出会いと別れでもある。

長い闘いの幕開け

昭和四十五年（一九七〇年）四月、ボストンバッグ一個に、京都の土産《みやげ》を詰めた紙袋をぶら提《さ》げ、当時の国鉄千葉駅に着いた。

前年、京都地検在任中に妻が交通事故に遭《あ》い、子供を千葉県八千代市の妻の姉の家に預かってもらっていた関係で千葉地検を希望した。妻は退院しても、しばらくは子供の面倒は見られそうにない容体だったので、転勤先としては子供の待つ千葉しか希望できる地検はなかった。千葉に転勤し、やがて退院してくる妻を迎え、姉一家に面倒を見てもらいながら、親子四人で過ごせる日がくるのを待とうと思ったのである。しかし、医者からはあと半年位で退院できるだろうと言われても、妻を関西の病院に入院させたままの今回の転勤は心が痛《いた》んだ。

千葉駅に降りた時は、午後三時をかなり回っていた。

着任は遅くても午後二時ごろまでに、というのが検察の慣例《かんれい》だったが、途中、寄り道していてつい遅れてしまった。まずいな、と思いながらタクシーに乗った。ほこりっぽい雑然とした町並みを抜け、官庁街の一角にある千葉地検の庁舎に着いた。

着任日の衝撃

正門を入ると、私の胸のバッジを見た守衛《しゅえい》さんがキッと姿勢を正し、挙手《きょしゅ》の礼を取って迎えてくれた。

まず、次席検事室へ着任の挨拶《あいさつ》に行った。

当時の次席は橋詰利男《はしづめとしお》氏（現在弁護士）であった。眼がぎょろりとして、噛《か》みつきそうな怖い顔をしていたが、意外にやさしい声で、「検事正がお待ちだから一緒に行こう」と立ち上がり、せかせかと歩き出した。

検事正室に入ると、大きな机を前に、鶴のようにやせた小柄な人が、背を丸め、太い筆を真っ直ぐに立てて何か書いていた。「ちょっと待っててネ」と、しばらく筆を動かしていたが、「お待ちどおさん」と筆を置いた。検事正高木一氏《たかぎはじめ》（故人）であった。

高木検事正は、度の強そうな丸い黒縁《ぶち》のメガネの奥の柔和《にゅうわ》な瞳をほころばせて、「遠いところをご苦労さんでした」と言った。やさしい声だった。眉毛が長く、猫背で、水墨画の中から抜け出てきた仙人のような枯淡《こたん》な雰囲気があり、帝銀《ていぎん》事件、白鳥《しらとり》事件など、戦後の重大事件の主任検事を努めた高名な検事とは思えないような、もの静かで、気品のある検事正であった。

型どおりの挨拶をし、ソファに導かれた後、検事正が言った。

「君は京都で医学部の事件をかなりやっていたようですね」

「はい。学生による公安関係のドタバタ事件ばかりですが……」

「実は、ここにも医学部の事件があります」

「……？」

「医学部というより、医学部を舞台にした事件というべきなのですが、君も知っているでしょう、千葉大チフス菌事件」

「はい。新聞やテレビでずいぶん報道されていましたから」

「次席とも相談したのですが、君に、この事件をやってもらうことにしました」

「……！」

「今までこの事件をずっと担当してきた山岡文雄《やまおかふみお》検事が秋田地検次席検事になって、すでに三日前に転出《てんしゅつ》しました。引継書ができていますから、それをよく読んで対応してください」

私は、任官してまだ六年目、当時の千葉地検の検事の中では末席《まっせき》である。その自分にこんな難事件を担当させようなどとは、幹部は頭がどうかしているのではないか。検事正の顔をまじまじと見つめた。

「大変ですが、頑張ってください」

私は、蹌踉《そうろう》として検事正室を出た。

一緒に出てきた橋詰次席は、並んで歩きながら、私の肩をポンと叩《たた》き、

「というわけだ。大変で気の毒だが、しっかりやってくれ」

とんでもないババを引かされてしまった。

こうして千葉大チフス菌事件との長い長い付き合いが始まった。

「この事件、無罪になるわよ」

四月末ごろ、その千葉大チフス菌事件の公判があって、初めて出廷した。実質審理はなく、手続き的なことで終わったので、鈴木元子弁護士と待ち合わせ、近くのそば屋に入った。お互

い司法研修所を出て以来の邂逅《かいこう》であった。

修習生のころは何となく泥くさい感じの女性だったが、今やスカッとして、自信に満ちた姿だった。

「清水さん、大変ねえ。お気の毒だわ。この事件、無罪になるわよ」

「おどかすなよ」

「あなた、細菌学やったことある？」

「あるわけないだろう！」

「でも、少しは勉強した？」

「全然」

「この事件担当すること、京都出る前に言われていたの？」

「こっちへ来てから、いきなりだよ」

「それじゃあ、まだ全然ねえ。私たちだって分からないこと多いんだけど、予研の先生が二人も特別弁護人に付いているから、細菌学や疫学《えきがく》のことは全部二人に任せていられるのよ」

「予研って、何？」

「あら、予研も知らないの？　国立予防衛生研究所のことよ。二人とも医学博士よ」

「国家公務員なのに特別弁護人なんてできるの？」

「年次休暇をとってきてくれているのよ」

「へぇー」

「とにかく、フェアプレーでやりましょうね。頑張ってね」

鈴木弁護士と別れたあと、庁舎に戻った。

千葉に着任した当時、私が入居する予定の官舎は未完成で、庁舎の五階にあった八畳の和室が私に割り当てられた仮の宿であった。

庁舎の和室の窓から、京都の夜景とはあまりにも違う人通りのないわびしい夜景を見ていると、だんだん気持ちが滅入《めい》ってきた。

私は、もともと理数系に弱い。物理、化学など苦手の最たるものだ。しかし、運が悪いと、そういう領域の事件にぶつかってしまう。闇夜のつぶてというか、どうにも避けようがない。

捜査と公判の関係

ここで、話の進行上、検察の組織と職務分担、特に捜査と公判の関係について少し触れておきたい。

全国の裁判所に対応して検察庁が置かれている。だから裁判所の数だけ検察庁もあるということになる。

最高裁判所に対応して最高検察庁があり、高裁（高等裁判所）に対応して高検（高等検察庁）がある。高裁と高検は、北から札幌、仙台、東京、名古屋、大阪、広島、高松、福岡の八ヵ所にあり、高裁の長を高裁長官、高検の長を検事長という。

地裁（地方裁判所）と地検（地方検察庁）は、北海道に各四ヵ所（札幌、函館、旭川、釧路）あるほか、各都府県に一ヵ所ずつ全国で合計各五十ヵ所ある。地裁の長を裁判所長、地検の長を検事正という。

地裁の下に簡裁（簡易裁判所）、地検の下に区検（区検察庁）がある。簡裁と区検は、全国で現在各四百三十八ヵ所あるが、統廃合が進められているため、将来は少なくなる。

検事というのは、検察官の一種である。

検察官には、検事総長・次長検事・検事長・検事・副検事の五種類がある。検事正というのは、検察官の種別ではなく、職務上の地位である。「正」には、おさ、かみ、という意味がある。高検の長である検事長と区別し、地検の長を検事正という。昔の、土佐守《とさのかみ》とか、駿河守《するがのかみ》とかいうのと同じ使い方だろう。

副検事は、検察事務官、裁判所書記官、警察官、麻薬取締官、自衛官など、捜査や司法事務の実務経験のある者の中から副検事試験によって任命される。副検事から検事にも任命されるが、それには検察官特別考試という試験に合格する必要がある。これは一年にせいぜい二、三名(ゼロの年もある)しか通らない難しい試験だ。

検事(検事長以上も含む)は、全国で一二七四名、副検事は同九一九名であり、検事・副検事・検察事務官等を含めた検察庁の全職員数は、約一万一五〇〇名である(平成十年九月末日現在)。

私がこの本で検事という場合は、検事長以上を含まない文字どおりの検事のこと、検察官という場合は、この検事と副検事のことである。

検察官の職務は、総務や人事など管理関係は別として、捜査と公判に分かれる。問題はその関係で、ちょっと分かりにくい面があるかもしれない。

全国五十地検のうち、高検所在地にある地検と、その他の大地検では、部制が敷《し》かれていて、部の数は異なるが、部制庁では、どこでも必ず刑事部と公判部はある。刑事部は捜査部で、所属検察官は刑事事件の捜査に専従《せんじゅう》し、起訴・不起訴などの処分を決する。公判部は文字どおり公判部で、所属検察官は刑事部で起訴した事件の公判に立ち会い、法廷で訴訟活動をする。起訴状や冒頭陳述書を読み上げ、証人尋問《じんもん》をし、弁護人と渡り合い、論告・求刑するのが公判検察官である。なお、特捜部(特別捜査部)のある地検は、現在、東京・大阪・名古屋の三地検だけである。

このような部制が敷かれていない地検では、主任立会《りっかい》といって、捜査し起訴した主任検察官が公判に立ち会う。全国的に見ると、部制が敷かれていなくて、主任立会という地検の方が圧倒的に多い。自分が調べて起訴した事件の法廷に自分で立ち会うのだから、事件の内容もよく分かっているし、被告人の顔もよく覚えている。やりやすい面もあるが、公判の期日・時間は決められているので、その合間に捜査をすることになる。この捜査と公判の切替えがなかなか難しいのである。被疑者の取調べがいよいよ佳境《かきょう》に入ったとき、事務官から「検事、そろそろ法廷の時間です」と言われ、腰を折られるような気持ちになる。うっかり公判のことを忘れていて、書記官から「裁判官以下、全員お揃《そろ》いですが……」などと電話がかかり、あわててすっ飛んでいったことが何回もある。

部制が敷かれている地検でも、捜査検事は捜査に、公判検事は公判に専従していればいいというものではない。例えば、公判で弁護人から反証があり、手元の捜査記録の中にその反証を覆《くつがえ》す証拠がないというときは、当然補充《ほじゅう》捜査をしなければならないことになる。しかし、捜査・起訴した検事が転勤していたり、大きな事件の共同捜査に駆《か》り出されていて身動きができないという場合などには、その検事に補充捜査を依頼するわけにはいかない。また、起訴検事が先輩検事という場合にも、やはり心理的に躊躇《ちゅうちょ》する。補充捜査を指示するというのは、捜査が十分でなかったと指摘するようなものだから、先輩に対して何となく腰が引けるのである。そこで、公判検事が自分で、或《ある》いは警察に依頼して補充捜査に当たることになる。完全に分業というわけにはいかないのである。

これがごく普通の事件の場合は特に問題はない。ところが、社会の耳目《じもく》を集めた重大事件で、起訴後長期にわたって公判係属《けいぞく》している事件を引き継いだ場合、公判検事の負担は極めて大きい。というのは、いくら大きな事件でも起訴して捜査が終了すれば、捜査班は解散し、時間が経てば担当検事も転勤してしまっている。補充捜査の指示をしようにも、その捜査を担当した検事はすでにいないし、警察に聞いても当時の係官がいなくてさっぱり分からないという場合が多い。結局は公判検事の負担で補充捜査をしなければならないことになる。つまり公判検事が同時に捜査検事になるというわけだ。

千葉地検は、今や総務部、刑事部、交通部、特別刑事部（元の公安部）、公判部を擁《よう》する大部制庁だが、私が転勤してきた昭和四十五年当時は部制は敷かれていなかった。刑事部長だけはいたが、それは処遇上の内部的な呼称でしかなく、部員はおらず、検事はただ「係」を拝命《はいめい》するだけだった。私は、麻薬・風紀・郵政・公判という四つの係を拝命したが、主力は公判係であった。

孤立無援

さて、これからお話をする千葉大チフス菌事件は、昭和四十一年（一九六六年）に起訴し、四十八年（一九七三年）に一審判決があった事件で、一審だけで約七年間かかっている。私は、丁度《ちょうど》後半の三年半を担当したことになる。捜査の主任検事で前半の三年半公判を担当した山岡文雄検事（現在弁護士）が秋田へ転勤した後を引き継いだわけだが、この事件の捜査に関与した検事は千葉地検に一人も残っておらず、事件はいよいよ医学裁判の色彩《しきさい》を強めてきていて、弁護人側の反論・反証も多岐《たき》にわたり、引き継いだ記録の中にはこれを覆すに足りる証拠はなく、補充捜査をしようにも依頼できる検事は一人もいないという孤立無援《こりつむえん》の状況に立たされてしまった。

捜査と公判が分かれている谷間で起こったことであり、長期公判になれば組織上どうしても避けられないケースなのであって、どこにも不平不満を持ち込めず、そんな谷間にはまってしまった自分の運の悪さを嘆《なげ》くしかないのである。

この事件、詳しく述べると際限がないので、事件のあらすじと問題点をなるべく簡単に述べ、自分なりに必死に努力して壁を乗り越えたつもりだったが越えられず、一審では無罪になってしまったこと、それを何とかはねのけて二審では有罪にもち込んだこと、その間の決定的な証拠との感動的な出会い、しかし上司と衝突し、検事を辞める決心をしたこと、その私を支えてくれた千葉地検のゆかいな仲間たちのこと、控訴に当たっての苦しまぎれの工夫、ババだとばかり思っていたカードが、実は私を後に特捜部へ導いてくれたダイヤのエースだったことなど、事件を通して見えてきた世界を描いてみたい。

細菌の恐怖

この事件は、千葉大学医学部付属病院第一内科第六研究室（一内六研）に勤務する医師鈴本満（仮名）が、昭和三十九年（一九六四年）九月から四十一年（一九六六年）三月まで、約一年半の間に、十三回にわたって、合計六十四名の者に対し、チフス菌や赤痢《せきり》菌を故意に付着《ふちゃく》させたバナナ等の食品を食べさせるなどして腸チフスや赤痢にかからせたという傷害事件である。

犯行方法の多くは、白金棒《はっきん》または白金線と呼ばれている千枚通し《せんまいどお》を長くしたような形の実験器具の金属部分（ニクロム線）の先端で培地《ばいち》から菌を掻《か》き取り、それをバナナやミカンに刺して果肉に付着させるというものである。

その他、カステラに赤痢菌液を振りかけたり、宴会の席で焼き蛤《はまぐり》にチフス菌液を垂《た》らしたり、胃の検査の際にバリウム溶解液にチフス菌液を混入《こんにゅう》して飲ませたり、舌を押さえて喉《のど》の奥などを診るための舌圧子《ぜつあっし》というヘラに似た器具の先端にチフス菌液を滴下《てきか》して喉に流し込んだり、十二指腸ゾンデというチューブを使って赤痢菌を十二指腸内に直接注入したり、三時の休憩時間にカルピスや粉末ジュースを薄めて飲むため冷やしていたヤカンの水の中にチフス菌液を混入させたりした。

被告人は、捜査段階では黙秘、否認をつづけた後、やがて自白に転じたが、公判では否認し、その後は一貫して変わらなかった。

犯行手段に用いたチフス菌は、被告人が予研に実習に行った際に密《ひそ》かに持ち帰って一内六研の自分の研究室で植え継ぎ培養していたものである。予研の菌管理に手落ちがあったといわれてもやむをえないケースである。

チフス菌や赤痢菌は、菌体の長さが千分の一〜二ミリメートル（一〜二ミクロン）という極小の微生物である。もちろん肉眼では見えない。ついでに言うと、ウイルスはその一ミクロンの千分の一〜二（一〜二ナノメートル）で、高性能の電子顕微鏡《けんびきょう》でもとらえることが難しい。

細菌とウイルスは同じか、同じようなものと思っている人が意外に多いが、両者は全く異なる。細菌は、自己複製といって、生存・増殖に必要な条件さえ整えば、二十分かそれ以下の短時間で自分とそっくり同じ細菌を作り出すことができ、それが倍々ゲームで増殖していくのだが、ウイルスは自己複製ができず、細胞に寄生《きせい》し、細胞を利用して子孫を残すことができるだけである。細菌も単細胞であり、ウイルスの寄生の対象になる。大腸菌は通常は非病原性なのだが、ベロ毒素という有毒物質をもつウイルスに侵入されると、病原性大腸菌に変身し、それがO―157などと分類記号を打たれて識別《しきべつ》されるようになる。

ただ、細菌にしても、ウイルスにしても、その生態や増殖のメカニズムはよく分かっていない。分かっていないから有効な感染防止対策、確実な治療方法が見つかっていない。それが現代の医学の水準なのである。そのことをきっちりと理解しておかないと、細菌やウイルスを犯罪の手段にした事件の解明は難しい。そういう生命科学の根本に触れるような問題について、あろうことか社会科学の三段論法で割り切ろうとしたところに一審判決の重大な誤りがあったのである。

素人ゆえの戸惑い

この事件の一つの争点は、起訴状に被害者として掲《かか》げられた合計六十四名の発病が被告人による犯行、つまり人為感染によるものか、それともその地域または施設に潜在的に存在していた自然流行の一環とみるべきものかという点、もう一つは犯行の動機にあった。争点はさらに段階的に細かく分かれ、高度に専門的になるが、煎《せん》じ詰めれば、この二点に尽きる。

経口《けいこう》感染症、すなわちばい菌に汚染された水または食品を口にしたことによって発病する感染症について、その水または食品が共通の感染源だと判定するには、疫学上、次の要件が必要だとされている。

①感染者は、すべてその水または食品を口にしている。
②同じ条件下にあっても、その水または食品を口にしていない者は感染していない。
③たまたまその場に居合わせるなどして、その水または食品を口にした者が感染している。

疫学というのは、疾病《しっぺい》多発、つまり流行の原因や経路、メカニズムを考究する学問である。しかし、この三条件がすべて充《み》たされなければ共通感染源と判定できないというのではなく、①と②だけでもよいが、これに加えて③の条件が充たされればほぼ断定して間違いないという意味である。この③の条件を疫学上「例外例」とか「特殊例」などという。

例えば、ある一家内で赤痢が発生し、調査の結果どうも草餅《くさもち》が原因らしいという疑いが出てきた。その草餅を食べた者は全員赤痢になり、帰宅が遅れて食べ損《そこ》なった者は赤痢にかからず、たまたま立ち寄ってその草餅を一緒に食べた親戚の者も赤痢になった。しかもその親戚の家では誰も赤痢にかかっていない、という状況があれば、右の三条件を充たすことになり、この草餅が赤痢の原因だと認定してほぼ間違いないだろうということである。

私がこの事件を引き継いだときは、例えば問題のバナナを食べたか食べないかという事実関係の立証がほぼ終了し、この点はほぼ検察側主張のとおりの立証がなされていた。そこで、これからは起訴状に書かれているような犯行方法で赤痢や腸チフスが発症するものかどうかとか、起訴されてはいないが、ほぼ同時期に同地域または同施設内で赤痢や腸チフスの流行、またはそれと疑われる流行が認められ、本件の被害者の発症もその潜在的な流行の波及《はきゅう》と認める余地があるのに、それとの断絶の証明がなされていないなどという弁護人側の主張にもとづいて、医学関係、因果関係の立証・反証に移行しようとしているときだった。しかも、自供の任意性・信用性の立証という関門も残されたままである。

裁判所は記録を読み、公判の経過と問題点を熟知《じゅくち》している。弁護人も同様であり、しかも鈴木元子弁護士のほかに、千葉綜合《そうごう》法律事務所の大塚喜一《おおつかよしかず》弁護士以下全員が応援に加わって大弁護団が結成され、予研の大橋誠《おおはしまこと》、山田千晶《やまだちあき》という医学博士二人が特別弁護人として付いている。これに対する主任検事の私は、転勤してきたばかりで記録も読んでおらず、細菌学や疫学もずぶの素人であり、とても歯が立たない。

確かに検察官には捜査権もあり、公判立会権もある。ただそれは、法によって検事に与えられた権限ということであって、その与えられた権限を適正に行使するには、それに相応《ふさわ》しい知識・経験・社会常識がなければならない。ところが、この事件に関して言えば、社会常識はともかく、私には医学的知識も経験もない。グラウンドを二周も三周も遅れて走っているランナーみたいなものだ。

どうしたらいいか必死に考えた。

その結果、争点をしっかりと把握して、有利・不利な証拠を整理し、有利な証拠には更《さら》に補強すべき証拠はないか、不利な証拠には逆転できる証拠はないかを見極めること、そのために必要最低限の知識を短期間に仕入れることしかないという結論に到達した。べつに医学博士になるための勉強をするわけではない。にわか仕込みの知識で結構だ。とにかくこの方針で最短距離を行く。そう腹を据《す》えたら気が楽になった。

争点は腸チフスの潜伏期間

赤痢の潜伏《せんぷく》期は通常二日から七日、腸チフスの潜伏期は通常七日から十四日とされている。ところがこの事件の被害者についてみてみると、まず、赤痢菌を犯行手段に使った事件ではその日の夜に発病した例がある。次に、チフス菌を使った事件の場合、最短はその当日、最長でも九日後、平均して三日から五日後に発病している。いずれも潜伏期が非常に短いのが特徴である。

ここで大きな争点が出てくる。

弁護側は、「そんな短い潜伏期で発病する赤痢、腸チフスは医学上あり得ないので、本件のバナナその他が感染源であるはずはない。感染源は赤痢なら発病日より二日ないし七日以前、腸チフスなら発病日より七日ないし十四日以前に存在しなければならないはずだ。その存在が証明できないということは感染源が不明だということであり、結局は犯罪の証明不十分に帰する」と指摘した。

これに対し、「そのような赤痢、腸チフスの潜伏期を当然考慮に入れ、それ以前にまでさかのぼって広範な疫学調査・捜査を実施したが、被告人鈴本が関与した食品その他以外に共通の感染源となる食品等は何ひとつ存在しなかった」というのが検察側の主張であった。

ホーニック論文

そこで問題は、検察側が主張するような短期発症例、特に即日発病というような短期発症の腸チフスが医学上あり得るのかどうかという医学論争に争点が移行していった。

腸チフスは、人間以外はかからない病気なので、残念ながらサルなどによる動物実験で潜伏期や発症率などを測定することができないし、人体実験には問題がある。ところが、その人体実験をした学者グループがあった。

アメリカ・メリーランド州立大学のホーニック博士とそのグループである。被験者はメリーランド州監獄の囚人二百十三人であった。しかし、その実験結果でも最短潜伏期は三日で、それ以下の例はなかった（後で少し詳しく述べる）。

この実験データから、投与《とうよ》する菌数が多くなれば潜伏期も短くなると読み取るか、それともいくら多くても三日以内の潜伏期で発病する腸チフスはないと読み取るか、難しいところだった。

この実験データが掲載されている医学雑誌を厚生省から入手した私は、摂取された菌数が多いと潜伏期も短縮されるのだという立証目的で証拠請求した。弁護側も、この雑誌を入手していて、検察官が請求しなかったら自分たちの方から請求するつもりだったと、後で聞いた。いずれの側からかはともかくとして、この実験データは法廷に出るべくして出た証拠ということになる。

ところで、この実験データは両刃《もろは》の剣《つるぎ》だった。本件の腸チフス患者のほとんどは、食べた翌日か翌々日に発病したというケースだから、もしこの実験結果をそのまま本件に当てはめられたら、「潜伏期三日以内の発病はない。よって本件腸チフス発病は医学的に不可能」という理由で切り捨てられ、無罪の坂を転がり落ちるしかない。

とにかく足で稼げ

私の宝探しが始まった。

まず、腸チフスの潜伏期がなぜ七日ないし十四日とされているのかという初歩から出発した。

腸チフスは、チフス菌が食物または水に混じって口から胃に入り、運よく胃酸による死滅を免《まぬが》れると、小腸粘膜《ねんまく》に侵入して回腸《かいちょう》（小腸を上下二分した場合、上が空腸、下が回腸）下部のパイエル板というリンパ節で増殖し、血中に入って第一次菌血症を起こした後、血流に乗って肝臓、脾《ひ》臓、骨髄などに拡散・増殖し、ここで第二次の強度な菌血症を惹起《じゃっき》する。

発病は、全身倦怠《けんたい》、頭痛、悪寒《おかん》・発熱で始まり、発熱は階段状に上昇していって、三十九度から四十度に達する。初期は風邪と誤診されることが多い。放置すれば敗血《はいけつ》症、全身衰弱等によって死亡する。チフス菌は大便、血液中から検出されるが、菌が検出されなくても、ヴィダール反応検査（ドイツのグルーベル・ヴィダールによって確立された腸チフスの血清《けっせい》診断法）によって判定することができる。

腸チフスは、こういう病理、過程を経て発病する全身症なので、それには七日ないし十四日を要する。その期間が潜伏期だというのだ。しかし、これは摂取される菌数が一般的に少ないと見られる自然感染の場合には当てはまるだろうが、人為感染などで菌が大量に侵入したような場合にもそのまま当てはまるものであるかどうか。

引き継いだ記録の中に『日本医事新報』のコピーがあり、その中から興味ある記事を見つけ出した。

読者からの質疑に専門の医者が回答する欄《らん》で、読者の「腸チフスには一般に下痢症状はなく、むしろ便秘する。千葉大チフス菌事件では最初より下痢を訴える人が多かったようだが、その理由は何か」という質問に対して、都立荏原病院医長斉藤《さいとう》誠《まこと》博士が「これはチフス性胃腸炎と呼ばれているものに該当《がいとう》する」と回答している。その理由として、チフス菌もサルモネラ菌（病原性のある腸内細菌）の一種であるから、通常の自然感染ではみられない大量の菌による感染の機会があれば、小腸内で多量の菌体内毒素が遊離《ゆうり》して小腸の炎症を惹起させ、短い潜伏期の後にサルモネラ菌食中毒に似た症状を呈《てい》することになり、その症状が下痢を含む胃腸炎として認知されることになる、と説明している。

私は、斉藤博士が在外研究のため留守だったので、都立駒込病院副院長の鈴木義雄《すずきよしお》博士を訪ねていろいろ教えてもらった際、この問題についての日本一の権威は「実験チフス症の免疫」という論文で医学博士の学位を取った慶應義塾大学医学部牛場大蔵《うしばだいぞう》教授（元駐米大使牛場信彦《のぶひこ》氏の兄）だと教えてもらった。しかし、牛場先生は気難しい人だから、協力してもらうのは大変だよとも言われ、そのときは聞き流していた。

牛場研究室に電話して、腸チフスの短期発症例について教えてもらいたいとお願いしたが、不機嫌そうな声で、「今忙しいから」と言う。何回電話をかけても、ただ忙しいの一点張りで会ってくれようともしない。少し頭にきた。よし、それなら仕方がない。朝暗いうちに起きて一番電車で千葉を発ち、東京・信濃町の慶應病院へ行って、午前七時前から牛場研究室の前で待ち構えていた。

やがて、牛場教授がもっそりと現れた。私が名乗ると、一瞬顔をしかめ、迷惑そうな顔をしたが、低い声でどうぞと室内に招じ入れてくれた。

牛場教授がぼそぼそと語る話は、『日本医事新報』の斉藤博士の説明の内容を詳しく裏付けるものであった。

私は、早速《さっそく》裁判所に牛場教授の口頭鑑定を請求し、忙しくて千葉まで出頭《しゅっとう》できないと牛場教授が言い張るので、裁判所を説き伏《ふ》せ、慶應病院で千葉地裁の出張尋問を行うことになった。

牛場教授は、チフス菌が大量に入ると急性胃腸炎を起こし、下痢を伴《ともな》う場合があること、それは菌の細胞に含まれている菌体内毒素（エンドトキシン）が大量に放出され、胃腸を刺激し、潰瘍《かいよう》を形成することによって惹起されるものであり、一日以内の短期発症もあり得る。ただし、それは本来の腸チフスとは異なる前駆《ぜんく》的な症状であり、その後本来の腸チフスが顕《あらわ》れてくるという内容の口頭鑑定をされた。

これで正確な病名はともかく、チフス菌を原因とした一日以内の短期発症もあり得るということが医学的に証明できた。しかし、実際にそういう症例の存在を証明できなければ、刑事裁判の証明として不十分である。

ついに見つけ出した症例

厚生省に問い合わせて、過去の腸チフス集団発生例を調査してもらった。

その中に、昭和二十四年（一九四九年）に東京・豊島区内の都立豊島病院で発生した集団腸チフスがあり、潜伏期は十七名中十二名が七日以内、三名が二日で、その内の二名が死の転帰《てんき》をたどった。

原因食は、昼食のコロッケ、カツレツと推定され、当時この調査に当たった副院長の鈴木義雄博士を証人請求し、この事件について証言してもらった。

我が国の犯罪史上、チフス菌を犯行手段とした犯罪を判例集で調べてみたところ、二件の殺人・同未遂《みすい》事件があった。いずれも昭和十年代の事件で、一件は神戸で発生した広瀬菊子《ひろせきくこ》による事件、もう一件は埼玉県・川口で発生した高橋貞三郎《たかはしていさぶろう》による事件である。

広瀬事件の記録は戦災によって惜《お》しくも焼失していたが、高橋事件の記録は戦災を免れて浦和地検に保存されていた。それを取り寄せて検討した。厚さ十五センチぐらい、上質の和紙で、全文墨書《ぼくしょ》。ところどころ虫食いがある。それにあまり達筆すぎてよく読めず、検討に時間がかかった。

この埼玉県川口市の耳鼻科医師高橋貞三郎による腸チフス事件は、昭和十一年（一九三六年）に発生した事件で、五つのヤマに分かれているのだが、その五事件中、医師柳田昌雄《やなぎだまさお》方事件では、高橋がチフス菌を塗《ぬ》り付けた生菓子「君衣《きみごろも》」を食べた柳田家の家族六名全員がその晩か翌日に悪寒、発熱等の前駆症状を訴え、すべて二十四時間中に発病し、二名が死亡している。

柳田家は代々医者で、評判もよく、高橋はこれを商売がたきとして抹殺《まっさつ》をもくろみ、上野松坂屋で買った生菓子「君衣」にチフス菌を塗り付け、柳田家に送り届けたのである。その食べ残しの「君衣」からチフス菌が検出されたので、これが感染源であることは間違いなかった。

こうして腸チフスの短期発症例を探し歩いた末、その存在と、短期発症のメカニズムを探り当てることに成功した。

チフス菌は、ほかのサルモネラ菌と同じく菌体内部にエンドトキシンという内毒素をもっており、それが腸内で大量に放出されると腸を刺激して炎症を起こし、下痢、腹痛など食中毒と同じ症状を呈する。それをチフス菌性胃腸炎という。しかし、これは本来の腸チフスではなく、その前駆的な症状で、やがて菌が増殖・拡散し、全身症としての本来の腸チフスに移行していく、ということになる。

ホーニック実験の、十億個の菌を投与しても三日以内の発病はなかったという結果を普遍化させて、およそ潜伏期三日以内の腸チフスの発病はあり得ないという定理を導き出すことはできない、ということをこうして立証した。しかし、ホーニックの実験結果に絶対の価値を認め、それを中心に事実を認定しようとしていた裁判所には、この立証は結局は通じなかった。宝も、その価値を認めない者にとっては、ただの石塊《いしくれ》にすぎない。

裁判所が犯したミス

弁護側では、起訴状による犯行方法によってどの程度のチフス菌がバナナなどの中で生存・増殖するものかとの鑑定を求めた。私は「しかるべく」と意見を述べた。これは、裁判所に下駄《げた》を預けるという意思表示である。

捜査段階でも、千葉県警の嘱託《しょくたく》に基づいて千葉県衛生研究所技官による鑑定は行われていたが、それはバナナなどに挿入《そうにゅう》付着させた菌が生存するか否かを時間を追って観察したもので、その結果、菌は死滅せず、生存・増殖するという結論が得られた。菌数の鑑定はしていなかったが、生存・増殖するという結論だけで犯行の裏付けは取れたことになる。捜査としてはそれで十分であった。

しかし、公判でホーニックの実験結果を証拠として出した以上、この衛研鑑定だけで足りる、あとは不要と強弁《きょうべん》するわけにはいかなくなった。というのは、ホーニックの実験では、①チフス菌十億個を投与した被験者のグループ四十二人中、四十人が発病し、潜伏期は最短が三日、最長が三十二日、平均五日、②一千万個を投与したグループ三十二人中、十六人が発病し、潜伏期は最短が四日、最長が五十六日、平均七・五日、③十万個を投与したグループ百十六人中、三十二人が発病し、潜伏期は最短が六日、最長が三十三日、平均九日、④一千個を投与したグループでは、十四人中、発病者はゼロというデータが示されている。

前にも書いたように、このデータから、摂取される菌数が多ければ多いほど潜伏期は短くなるという結果が認められると私は受け止めて証拠請求した。しかし、この実験データが出された以上、裁判所としては、それでは本件で被害者の体内に摂取された菌数はどのくらいであったかという点に興味を示すのは当然の推移であったと思われる。

こうして鑑定が決定し、東京医科歯科大学教授中谷林太郎《なかやりんたろう》博士が鑑定を担当した。その結果、起訴状の「注射用蒸留《じょうりゅう》水二〇ccアンプルに、チフス菌一白金棒分混入して作った液を、右白金棒につけてバナナ等に穿刺《せんし》した」という犯行方法では、菌は生存・増殖しても、その菌数は全体として極めて少ないということが分かった。

このままでは、ホーニックの人体実験結果と組み合わされ、起訴状による犯行方法では腸チフスの発病は不可能または著《いちじる》しく困難、よって無罪、ということになりかねない。

くい違う検察と警察での自供

私は、中谷鑑定のように蒸留水で薄めた菌液を白金棒に付けて穿刺する方法（菌液穿刺）だけではなく、培地から白金棒で菌を搔き取り、そのまま直接バナナ等に穿刺する方法（直接穿刺）ではどういう結果になるかという鑑定をも求めることにした。

これには、次のような事情がある。

被告人鈴木の警察官に対する自供と検察官に対する自供とでは、いずれも自分の犯行だと認める点では一致しているものの、犯行方法の点で異なる供述をしている。

警察官に対しては、白金棒で培地から菌を直接搔き取って穿刺したと述べているのに対し、検察官に対しては、初期の段階では警察における同様の供述をしていたものの、その後は二〇ccアンプルの蒸留水に薄めた菌液を穿刺したと述べている。直接穿刺か菌液穿刺かの相違である。

この方法の相違は重大である。培地に生えている粟粒《あわつぶ》のようなコロニー一個当たりの菌数は一億個とも十億個とも言われている。一白金棒で搔き取ったそのコロニーの菌をそのままバナナ等に穿刺するのと、それを二〇ccの蒸留水に薄めて、その菌液を穿刺するのとでは、常識的に考えて付着する菌数に天地の開きが出てくることは明らかである。

ところで、鈴本は本件の動機について、警察官に対しては、衝動にかられてとか、人を困らせてやろうという気持ちを抑えることができずとか、動物園で猿が子供からもらったバナナの皮を上手にむいて食べるのを見てヒントを得たなどと述べ「今回の一連の事件も多分に私の性格が影響していると思います」と供述しているのに対し、検察官に対しては、赤痢菌やチフス菌の薬剤耐性が人体を通過することによってどう変化するかのデータが欲しかったためと述べている。

おおまかに言えば、「異常性格による衝動的な犯行」というのが警察での自供、「人体実験目的から出た計画的犯行」というのが検察官に対する自供である。

芽生えた疑問

人体実験目的と菌液穿刺の方法とは結びつきやすい。

赤痢菌にしても、チフス菌にしても、一〜二ミクロンという極小微生物であり、すでに述べたように培地に生えている粟粒大の菌一コロニー分の菌数は一億とも十億とも言われている。もし培地から白金棒で直接菌を掻き取り、そのままバナナ等に穿刺する方法では、あまりにも大量の菌が人体に入りすぎて危険であるばかりでなく、数本のバナナに一回ずつ刺すという場合、その都度掻き取る手技（さじ加減）やコロニーの大小などの条件によって、挿入される菌数に極端な開きが生じやすい。これでは実験結果の数値を比較しようにも、基本数値にバラツキがあるので、比較しようがない。

これに対し、菌液穿刺の場合は、一白金棒分のチフス菌浮遊液ということなので、これに白金棒をひたして何本かのバナナに刺しても、各バナナに挿入される一回穿刺ごとの菌数はおおむね均等に保たれると見られるので、実験数値の比較も可能であるとともに、その付着菌数は直接穿刺に比べてはるかに少なく、人体に対する危険も低いと一応考えられる。

起訴段階での検察官が、本件の犯行方法を菌液穿刺とし、冒頭陳述でその動機を人体実験としたのはそういう判断からである。

しかし、中谷鑑定の結果によれば、菌の出方があまりにも少ない。ひょっとすると起訴に当たって菌液穿刺とした検察官の判断に重大な誤りがあったのではないか。直接穿刺とするのが正しかったのではないか。私にはそんな疑問が芽生えてきた。

ともかく警察で自供していた直接穿刺の方法による菌数鑑定をしてみる必要がある。その結果、検察官の主張を変更しなければならない局面に立ち至るかもしれない。だが、大切なのは何が真実かということであって、検察の面子《メンツ》なんかではない。こういう点では、私はドライだ。裁判所に菌液穿刺のほか、直接穿刺による鑑定も請求した。

裁判所は、検察官の請求を認め、東京都立衛生研究所微生物部長善養寺《ぜんようじ》浩《ひろし》博士が鑑定に当たった。菌液穿刺による鑑定もあわせて求めたのは、中谷鑑定の結果とどの程度の相違が出てくるかを見てみたいという考えがあったからである。その結果、直接穿刺だと中谷鑑定よりもはるかに多くのチフス菌が生存・増殖すること、菌液穿刺でも両鑑定の間で著しい開きがあることが分かった。

例えば、最も基礎的な一白金棒分の菌数にしても、中谷鑑定では三万七千個であるのに対して、善養寺鑑定では四億五千万個である。その白金棒でチフス菌をバナナ、ミカンなど本件で被告人が付着させたとする食品に穿刺し、菌の生存・増殖状態を経時《けいじ》的に観察してデータにまとめているのだが、全部バラバラで、数値が一致するものは皆無《かいむ》であった。

わが国のトップレベルにある両博士によって行われた鑑定結果にこのような天地の開きが出るというのは、微妙な実験条件と手技《しゅぎ》の相異に加えて、変幻《へんげん》常なき極小微生物を相手にする細菌実験の性質上まぬがれがたいことなのであり、それはそれとして受け止めなければならない。それこそが科学なのである。

危惧

私は、裁判所が腸チフスの典型的な病理を基礎に、ホーニックの人体実験データと、この中谷、善養寺鑑定の結果を組み合わせ、例えば次のような論理で事実の認定をしたら大変なことになると危惧《きぐ》した。

①ホーニックの実験結果によると、潜伏期三日未満の腸チフスはありえない。もし三日で発病した腸チフスがあったとすれば、その発病者は十億個以上のチフス菌を摂取しているとみなければならない。一千個程度のチフス菌を摂取したとしても、腸チフスは発病しない。そもそも腸チフスの病理からして、三日以内の発病はありえない。

②中谷、善養寺鑑定によると、バナナを介《かい》して被害者Aの体内に摂取された菌数は一億個、被害者Bの体内に摂取された菌数は一万個、被害者Cの体内に摂取された菌数は一千個と認められる。ところが起訴状によると、Aは食べたその日の内に発病、Bは三日後に発病、Cは一週間後に発病している。

③こういうことは、腸チフスの病理並びに両鑑定の結果からして医学上認められず、よって無罪。

これは論理学でいう三段論法である。

三段論法では、まず大前提として、例えば「人間はいずれ死すべき運命にある」という誰にも否定できないような公理《こうり》が必要だが、①はその公理と認められるか。次に、小前提として、例えば「私、清水勇男《しみずいさお》は人間である」という動かしがたい事実が必要だが、②はその事実たりうるか。この二つの問いにイエスと答えられて、はじめて「よって、清水勇男は死ぬべき運命にある」という③の結論が導かれてくるのである。

ところが、三日以内の短期発症例があること、現に一日で発症した例もあること、菌数と潜伏期、発症率の関係は宿主《しゅくしゅ》・寄生体という複雑な生体反応であって、こういう生命科学の本質にかかわるような原理が単にホーニックの一回限りの実験結果によって決定されるべきものとは到底《とうてい》思われないことからすると、①は大前提たりえない。また、細菌鑑定の本質から、実験によって導かれた数値が被告人によってバナナ等に穿刺・付着された菌数と同一視できず、いわんや中谷、善養寺鑑定の結果に大きな開きがある以上、②は小前提たりえない。よってその結論③は成立しないといわなければならない。

こんな理屈は当然のこととして、誰でも考えることだと思われる。自然科学に社会科学の論理がそのまま当てはまるはずがない。

しかし、裁判所はこの論理にはまってしまうのではないかと恐れた。そして、それが残念ながら的中《てきちゅう》したのである。

先入観が判断を狂わせる

この事件で、人の病気を治すのが医者の天職《てんしょく》であるのに、なぜ医者たる被告人がわざと人を病気にかからせるようなことをしたのかと私は疑問に思った。

起訴検事は、人体実験が目的だったと冒頭陳述書に書いている。赤痢菌やチフス菌が人体を通過することによって、その菌の抗生物質に対する感受性値がどう変化するかのデータが欲しかったというのである。じかし、どうもおかしい。

そういうデータが欲しかったというのであれば、投与《とうよ》する菌の感受性値をあらかじめ測定しておくなどの事前準備と、投与後に被験《ひけん》者の便や血液を採取して菌を培養《ばいよう》し、感受性値の変化を調べてみるなどの追跡調査が最低限必要になると思われるが、本件ではそのような事前準備も追跡調査も行われた形跡《けいせき》が全くない。

そもそもそのようなデータを添《そ》えた研究論文が学会その他に発表できるものかどうか。それを発表するということは、自分が被験者の承諾《しょうだく》を得ないで危険な人体実験をした、つまり犯罪を犯したことを認めるに等しい。そんな自分で自分の首を締《し》めるようなことができるはずはない。また、そんな研究論文が学会で公認されるはずはない。

どうも本件は学問的な意味での人体実験目的などという、もっともらしい動機から出たものとは考えにくい。

奇矯な被告人の行動

被告人の供述調書を読んでいくと、奇怪《きかい》な内容にしばしば出会う。

「臨床《りんしょう》家から入っていった私にとっては、細菌というのは何か未知《みち》の世界のように思われて、研究をすればするほど興味をそそられ、最後は菌をいじるのが面白くて仕方がないというような気持ちになっていきました」

「果物店の前を通るとバナナを買いたくなるという訳ではないのですが〔中略〕、つい土産物を選ぶ場合にバナナを選んでしまいます。そして買う際には腸チフス菌を穿刺しようとか塗《ぬ》ろうとかは考えておらず、大学の実験室に持ち込んで〔中略〕、いざ仕事が終わり、ホッとしたときに『菌を入れちゃおう』ということが頭の中にヒラメキ実行してしまうのです。私がバナナに菌を挿入することについてヒントを得たのは、昭和三十三年ごろ弟と二人で多摩動物園に行ったとき、猿が子供からもらったバナナを上手に皮をむいて食べていた情景《じょうけい》が頭にしみこんでいるので、腸チフス菌などを挿入したバナナを人間が食べる光景を連想《れんそう》して実行してしまうのです」

これは、正常な人間、まして医者の考えることではない。

さらに記録を精査《せいさ》していくと、被告人には奇矯《ききょう》な振舞いが多いことが分かった。

アルバイト先の川鉄病院では、従業員から赤痢菌やチフス菌が検出《けんしゅつ》された事実もないのに検出されたと虚偽《きょぎ》の報告をして、二人の従業員を伝染病院に隔離《かくり》させたり、千葉大病院やアルバイト先の三島病院関係でも外来《がいらい》患者からチフス菌が検出されてもいないのに、検出されたと同様に虚偽の報告をして、二人の外来患者も伝染病院に隔離させている。

被告人は、川鉄従業員のＡに作為《さくい》したことを認めた上で、次のように述べている。

「当時川鉄では集団赤痢が発生しておりました。チフスを一人発生させて驚かせ、医務課が早期に発見して一人だけで終わらせたということにし、医務課の功績《こうせき》を上げようと思いました」

これが医師の考えることであろうか。

鈴木は、犯行後、自分の名前を伏《ふ》せ、あるいは他人の名前を使って密告電話をしきりにかけている。まだ誰も赤痢、腸チフスと疑っていない段階なのに、赤痢、腸チフスと明言《めいげん》して電話していること自体犯人であることの動かしがたい情況《じょうきょう》証拠であるが、その電話の内容にも、重大な問題がある。

例えば、読売新聞千葉支局に対し、偽名《ぎめい》を使って次のような電話をかけている。

「千葉大一内の山本という者ですが、実はこの間から騒がれていた疑似《ぎじ》腸チフスについて、あれは真性だと分かったのでお知らせします。その内容を全部発表しますから教授室へお出でください」

記者会見など根も葉もない作りごとで、教授室こそいい迷惑である。

鈴本の少年時代、大学浪人時代、インターン生時代のことを本人、家族及び周囲の者の供述などによって調べてみると、あまりにも奇矯で、変質者の振舞いとしか考えようのないものが多い。起訴検事には悪いが、とても医学的な意味での人体実験目的から出た犯行だとは思えなかった。どう見ても、変質者の犯行である。

本件には明確な目的・動機といったものはなく、あるものは衝動のみである。変質者による衝動的な行為、それが本件の真相だ、という結論に達したとき、それまでぼんやり霞《かす》んでいたものがはっきり見えてきた。犯行方法である。

到達した確信

被告人は、警察段階ではチフス菌の生えている培地から白金線で菌を直接掻き取り、それをそのままバナナ等に刺したと直接穿刺の方法を供述していたのに、検事に対しては、その掻き取った菌を二〇ccの蒸留水に溶かして薄め、その菌液を白金線につけて刺したと菌液穿刺の方法を供述した。

起訴検事は、この菌液穿刺の供述に沿《そ》って冒頭陳述書を書いた。

しかし、変質者が衝動に駆られて前後の見境《みさかい》もなく犯行に出ようとするとき、わざわざ菌を水で薄めてその菌液を刺すなどというような迂遠《うえん》な手段をとるだろうか。培地から直接菌を掻き取ってそのまま刺すという方法をとると考えるのが自然ではないか。だからこそ、そのバナナなどを食べた被害者の体内に大量の菌が入り、通常は七日ないし十四日という腸チフスの潜伏期が、本件の場合は最短で一日、平均三日から五日という結果になったのではないか。

私は、本件は被告人の異常性格に起因《きいん》するものだと確信した。しかし、その確信を裏付ける証拠がほしい。

精神鑑定はあるが、性格鑑定というのはない。あってもよさそうなのだが、ない。

ふと思いついて、学生時代よく行った神田の古本屋街へ行ってみた。なつかしい匂《にお》いがした。学生時代は法律関係の書籍が置いてある本屋ばかりのぞいていたが、今度は医学書専門の本屋を一軒一軒たずね歩いた。

何軒か回って足が棒になったころ、或《あ》る本屋の棚に一冊の本があるのを見つけた。手に取ってページをパラパラとめくっていた私は、アッと思った。私が鈴本に対して感じていたのと全く同じことが、そこに載っている。

それは新井尚賢《あらいしょうけん》編の『異常性格』という表題の本で、その中にドイツの著名な心理学者らによる分析がある。小躍《おど》りしながら買って帰った。

K・シュナイダーは「異常性格とは、正常な性格からの変異・逸脱《いつだつ》であるが、その程度が精神病にまでは至らないものである」と定義し、いくつかのパターンに分類している。その中で、クラッペリンという学者が精神病質を七つの類型《るいけい》に分類しているが、その中の「奇矯者」という類型について、次のように説明している。

「この特徴は、精神生活において内的な統一性と一貫性が欠けていることである。知能は正常、ときにかなり優秀であるのに、しばしば放心状態であったり、精神作業に動揺がある。ある方向の考え方が優勢して、他の方向の考えがはたらかないために、判断は歪曲《わいきょく》され、一面的である。誇張《こちょう》された、奇矯な人生観に傾き、好んで極端で、現実離れした観念をもつ。ときに妄想《もうそう》様観念がみられることがある。自我感情が強く、感情的に興奮しやすい。行為や行状《ぎょうじょう》は無計画で、矛盾《むじゅん》に満ち、部分的には全く理解できないことがある。現実に対する感覚がなく、現実の事態を合理的に評価する能力がない……」

この記述は、被告人にそのままあてはまる。

こうして私は、人体実験目的という動機を否定し、本件は奇矯者として分類されている異常性格者によって行われた衝動的な犯行であり、その犯行方法も、菌液穿刺ではなく、警察段階で一貫して述べている直接穿刺だという考えに到達した。

背後にあった組織のカベ

被告人は、自供の任意性を否定し、捜査官による脅迫《きょうはく》、強制によって無理に自供させられたと主張していた。そこで私は、任意性を立証するために取調べに当たった千葉県警捜査一課の鈴木美夫警部、大矢房治警部、日色義忠警部補の証人尋問を行ったあと、起訴検事で秋田地検次席検事に転出していた山岡文雄検事の尋問を請求した。その山岡検事がやってきた。そこで、これまでの公判経過を説明し、私の考えを率直《そっちょく》に述べて意見を求めた。

山岡検事は、「ウン、ウン」とうなずきながら、長い話を熱心に聞いてくれた。そして、「実は私も清水君の意見と全く同じなんだよ」と言う。それから、苦しそうに、当時は上にいくら説明しても、「バカ、猿がバナナの皮をむいて食べるのを見てヒントを受けたなんてことがあるか、相手はいやしくも医者だぞ、そんな理由で犯行に出るわけがない、もっとよく調べろ」の一点張りだった、と言ったのである。

ああ、やっと分かった。この事件を決裁《けっさい》する上司、上級庁側の検事に「人」を得なかったのである。

被疑者と毎日のように向き合って取調べをしている現場の検察官の意見と感覚こそ大切なのに、高い所から自分の狭《せま》い意見だけを押しつけ、いくら説明しても頑《がん》として受けつけない。それが事件の方向を狂わせ、処理の土壇場《どたんば》で事件のすじを誤らせてしまったのだ。

この事件は、医師という外套《がいとう》をまとった変質者の行為である。取調べに当たった現場の検事は、外套に隠れた中身の人間をはっきりと射程《しゃてい》にとらえていたのに、上司や上級庁の検事は外套に眩惑《げんわく》されて中身の人間を見ようとしなかった。山岡検事がなぜもっと自分の意見を強く主張しなかったのか不満はある。しかし、当時、上級庁の壁はそれほど厚かったのだというべきだろう。

検察の上司と部下の関係は、現在は「指導・助言」の関係だということに定着しているが、軍隊経験者がまだ主要なポストの多くを占めていた昭和四十年代前半のころは「上命《じょうめい》・下服《かふく》」という理念が強かったように思われる。

山岡検事は多くは語らず、私も強《し》いて聞こうとはしなかったが、同じ事件を、前後の相違こそあれ、現場の一線検事として担当した者同士にのみ通い合うものがあった。

方向転換

私は、起訴検察官の「人体実験目的・菌液穿刺」という主張は誤りで「異常性格・直接穿刺」が正しいと確信した。そのように変更すべきだと思った。しかし、簡単にはいかない。

当初の主張を変更するには上司の決裁が必要だが、そのためにはなぜ変更しなければならないのか、その理由を説明しなければならない。その説明が難しい。それを何とかクリアしても、起訴に当たって上級庁の決裁を受けている以上、その内容を変更するにも上級庁の決裁が必要である。重大事件だから、膨大《ぼうだい》な説明資料を要求されるだろう。その労力と時間、それに山岡検事の話を重ね合わせたら憂鬱《ゆううつ》になった。結審《けっしん》を目前《もくぜん》に控えて、これから論告要旨の作成に入らなければならない多忙《たぼう》なときに、上級庁説得のためだけの目的で膨大な報告書を作成し、挙げ句の果てに山岡検事の二の舞になったのではたまったもんじゃない。

いろいろ悩んだ末、やっとふっきれた。刑事裁判では真実の解明こそが必要なのであって、組織の原理に忠実である必要はないのだ、と。

こうして、内部決裁を経ないまま、昭和四十七年（一九七二年）十一月「訴因《そいん》の択一《たくいつ》的追加請求書」を書いて裁判所に提出してしまった。

これは、平たく言うと、起訴状には犯行手段として菌液穿刺の方法を採《と》ったと書いてあるが、直接穿刺の方法も追加しておくので、裁判所においては、菌液穿刺だけでなく直接穿刺の方法も審理の対象として取り上げ、そのいずれであるかを証拠にもとづいて合理的に判断されたい、という請求書面である。本当は、菌液穿刺を引っ込めて直接穿刺に改めてしまう「訴因の交換的変更請求書」にしたかったのだが、それだと犯行方法という起訴状の重要な記載《きさい》部分を独断で全部否定してしまうことになるので、あまりにも風当たりが強いだろう。択一的追加ならもとの菌液穿刺の方法も残してあるので、後で問題になったとしても「公判の経過にかんがみ、万一菌液穿刺が否定された場合のことを考えて手当てをしておいた」と、とぼけて切り抜けようと思った。結構小ずるいところが私にはあるのだ。

この訴因追加の請求は、翌日の新聞に大きく載ったのだが、覚悟していたのに、なぜか上司から呼出しがなく、上級庁からの問合わせもなかった。当時千葉地検は成田事件の捜査、公判で引っくり返るような騒ぎだったから、上司もチフス菌事件まで頭が回らなかったのであろう。ともあれ、一山《ひとやま》越えたとほっとした。

次に、論告では、冒頭陳述の「人体実験的目的」を引っ込めて「異常性格」によるものとし、「本件は異常性格者による衝動的な犯行であり、原因はあっても目的のない事件というべきである」と主張した。

この論告については、事件の軌道《きどう》修正だけでなく、自分の人生の軌道変更まで決意する運命にまで巻き込まれた。

独断で作った論告要旨

昭和四十七年（一九七二年）九月初めころ、裁判長の萩原太郎《はぎわらたろう》判事に呼ばれた。判事室へ入ると、陪席《ばいせき》の二人の裁判官もいた。用件は、この事件、来年の春には判決したいので、協力してもらいたい、ということで、「論告は今年の十二月にしてもらえないか」という。すでに弁護人にもお願いし、論告後二、三ヵ月の間に弁論《べんろん》をしてもらうよう依頼したということだった。

十二月といえば、あと三ヵ月もない。しかし、来春に判決したいということは、裁判官の異《い》動《どう》の問題と関連しているのだろう。私も来年三月で千葉勤務三年だから異動の時期になる。途中で引き継いだら後任者に迷惑をかける。大変だが、考えてみればよい論告時期かもしれない。分かりました、と承知《しょうち》して帰ってきた。

すると、追いかけるように萩原裁判長から、「十二月一日にしたいのでどうか」と電話が掛かってきた。騙《だま》されたような気がしたが、十二月でよいと返事した以上、一日では困るとも言えない。仕方なく承知した。その代わり、十二月一日まではあまり他事件の公判期日を入れないでもらいたいと申し入れた。

タイピストに相談すると、分量にもよるが、遅くても半月前には原稿を渡してもらわないと困る、という。そうすると、次席、検事正の決裁を受ける期間を十日とみて、十一月五日には原稿を完成させ、十五日にはタイピストへ決裁済の原稿を渡す必要がある。時間はあまりない。

こうして何日も徹夜し、十一月初めに原稿を完成させた。四百字詰め原稿用紙にして約三百枚、字数約十二万字になった。

上司と決裂

当時の次席検事は、佐藤佐治右衛門《さとうさじえもん》氏で、言葉づかいは非常に丁寧なのだが、性格が冷ややかで、底意地《そこいじ》の悪いところがあった。

論告の原稿を持っていくと「そこへ置いといてください」と、あごで机の端《はし》を指した。ご苦労さまのねぎらいの一言もなく、この忙しいのに余計なことを、というような態度が見えた。私は、論告の日やタイピストの作業手順などを説明し、なるべく早く決裁をお願いします、と言った。返事はなかった。

その次席決裁が下りて原稿が戻ってくるのを待ったが、十一月十日を過ぎても戻ってこない。十五日になった。タイピストに渡す期限である。論告まで、あと半月しかない。

たまりかねて次席のところへ行き、ご決裁はまだですか、と聞くと、まだ全然見ていない、という。かっとした。

「お忙しいことはよく分かっているつもりですが、論告も迫《せま》っていますので、早くお願いできませんか」

「こちらにも、いろいろと予定があります」

「ご決裁に上げたのは今月の初めで、もう半月も経っています」

「分かっています」

「それでは、いつご決裁がいただけるのでしょうか」

「分かりません」

「それでは困ります。論告ができません」

「論告なんか、メモでやっておいて、あとから書面を出せばいいではないですか」

「普通の事件なら、それでいいでしょう。しかし、この事件は日本中が注目している事件ですよ。メモで済むという論告だとは思いませんが」

「君は、ぼくに意見するのですか」

「意見かと言われるなら、そう取られても構いません。しかし、私が間違ったことを言っていますか」

「失礼です」

「失礼なのは、次席、あなたじゃありませんか。私は、次席に十分見ていただこうと思って、寝る間も惜《お》しんで原稿を書き上げ、今月初めに出しているんです」

「とにかく、まだ見ていません」

「それは次席、職務怠慢《しょくむたいまん》です」

「無礼でしょう」

「無礼なのは、次席、あなたの方ではありませんか」

「失礼極まりない」

「書面で論告できないというのは、検察の不名誉です。私は、次席が決裁権を放棄したものと見なして、検察庁法の検察官独立の原則にしたがい自分の判断で論告します。検事正の決裁を受けなければならないことは分かっていますが、次席を抜きにして検事正の決裁を受けるわけにはいきませんから、自分の案どおりで論告します」

そう言って、次席室を出た。

はじめは静かな口調だったが、だんだんと大きくなり、最後は怒鳴《どな》り合うような調子になっていたらしい。それで室外まで漏《も》れてしまい、清水検事が元海軍主計大尉の次席検事を怒鳴りつけたなどと、たちまち恰好《かっこう》の話題となって庁内を駆《か》けめぐった。

私は、次席室から戻ってきて、あの次席のことだからそんなこともあろうかと思ってコピーしておいた論告の原稿を、一番年長の姐御肌《あねごはだ》のタイピストのところへ持っていき、私が全部責任を負うから、このとおり打ち込んで下さいと頼んだ。姐御は、三人で分担してやりますから任せておいて下さい、と気持ちよく引き受けてくれた。

その二、三日後、庶務《しょむ》の事務官が、次席からと言って分厚い茶封筒を持ってきた。中には目《め》茶苦茶《ちゃくちゃ》に手を入れた決裁原稿が入っていた。私は、もう遅い、と言ってロッカーに放り込み、翌年の転勤の際に捨ててしまった。

タイピストから聞いた話だが、タイプを打っていると、次席がやってきて覗《のぞ》き込み、自分の手が入った原稿でないことが分かると、不機嫌そうな顔をして戻って行ったということであった。

辞職を覚悟する

理由の正否ではなく、こういうことがあると、それが上級庁まで伝わり、あれは問題児だというレッテルを張られることになる。今後の進路や昇進にも影響することになるだろう。仕方がない。しかし、これは後になって知ったことだが、上と下が喧嘩すると、下をきちんと指導できなかった上の者に責任があるとされ、管理能力を疑われるのだということだ。他の組織は知らないが、検察の世界では伝統的にそのようで、ある程度理屈の立つ喧嘩であれば、必ず下が勝ち、上が負けることになっている。そういえば、その後の佐藤次席の職歴はかんばしいものではなかった。

ただ、その当時はそんなことは知らず、こんなバカみたいな野郎がえらそうに次席面《づら》をしているような組織にいつまでも身を置いていられるか、これから先どこへ転勤しても、いやな奴に上から押さえつけられるだろう、もうごめんだ、という気持ちが強く、この事件の論告が終われば検事としての責任は果たしたことになるので、来春には検事を辞めて弁護士に転身《てんしん》しようと決心した。

妻も二年前の秋に退院してきており、松葉杖《まつばづえ》を使わなくても日常生活に特に支障《ししょう》がない程度に回復していた。子供二人も姉一家から引き取り、親子四人、一つ屋根の下で生活できるようになった。娘は千葉大学付属小学校に入り、息子は近くの幼稚園に通っていた。退職し、千葉で弁護士をやれば、親子四人、もはや転勤もなく、平穏《へいおん》な生活を送ることができるだろう、と思った。

妻は、私に言われて十一月終わりごろから和文タイプライターの専門学校に通い始めた。弁護士になっても、しばらくは事務員を雇《やと》えないだろうから、妻を事務員代わりに使う予定だった。

論告、その後

やがて十二月一日、論告の日がやってきた。

論告要旨は、タイピストの懸命《けんめい》な努力で、二日前に完成していた。その論告要旨を風呂敷《ふろしき》に包み、立会い事務官の大地数栄《おおちかずえ》君と二人で地検の玄関を出た。

地検から地裁までは徒歩三、四分の距離であったが、報道陣がぎっしりと詰めかけていて、カメラのフラッシュを浴《あ》び、テレビカメラの追跡を受けた。やはりきちんとした論告要旨を作成しておいてよかった。報道関係者は、配付《はいふ》しておいた二、三枚程度の報道用メモでは満足せず、当然のことのように論告要旨を要求した。

年が明けて昭和四十八年（一九七三年）二月、弁護人側の弁論が行われ、結審した。判決期日は追って通知するということになった。

妻の和文タイプライターも上達した。もともと器用なのと、これがこなせないと食べていけないと必死だったためかもしれない。

ところが、この二月、佐藤次席が転勤し、その後任に平田胤明《ひらたたねあき》次席がやってきた。

今度はいい次席がくるぞ、という庁内の噂だったが、噂にたがわず、穏やかで明るく、気品があって、人を包み込むような、ほのぼのとした温かさがあり、温容《おんよう》という表現がぴったり当てはまるような立派な次席だった。

その平田次席に、

「清水君、チフス菌事件大変だが、あんたしか頼るもんがいないんだから頼むぞ」

と言われて、ウッとつまり、実はこの三月で退職させて頂きますとも言い出しかねて、「はあ」と退室した。妻に相談したら、私はあなたが決めたとおりにします、という。丁度《ちょうど》そのころ千葉大学付属小学校の入学選考があり、娘につづいて息子もと思い、願書を出していた。よい次席が来て少し後ろ髪を引かれかけていた私は、「それじゃあ、二人とも付属へ入学できることになったら予定どおり退職する。もし駄目だったら退職しないで頑張ることにするか」と言うと、妻もそれがいいと賛成した。

息子は、残念ながら選考に漏《も》れた。娘にくらべて見劣《みおと》りするとは思われないのに、と不思議に思ったが、仕方のないことだった。

単純なことだが、こうして退職を思い止まった。妻は、「タイプライターをやって損した」などと言ったが、いずれ役に立つこともあるだろうよ、と慰《なぐさ》めた。しかし、タイプライターの時代は過ぎ、ワープロの時代になって、妻の技能を発揮《はっき》する機会は遂に来なかった。

信じられない結末

判決日は四月二十日と通知された。その日がやってきた。私は、するべきことは全部やった、裁判官がそれをきちんと受け止めてくれれば無罪になることは絶対にない、と思っていた。

大きな事件の判決言渡しがあるときは、伝令係の事務官を連れて法廷に臨《のぞ》む。判決主文の言渡しが終わると、伝令係は席を蹴《け》って地検に駆け戻り、次席に直接主文の内容を報告する。その報告内容は、瞬時《しゅんじ》に庁内を駆けめぐり、一種異様な空気が庁内を支配する。

後で聞いた話だが、「被告人は無罪」との主文内容が庁内に流れて間もなくのころ、窓口にやってきた出入りの商人が、応対の事務官に向かって声をひそめ「今日、何かあったんですか」と聞いた。皆押し黙っていて、まるでお通夜《つや》みたいだとのこと。無罪の衝撃で庁内の空気が凍《こお》ってしまったのだ。

私は、まさかの判決主文に一瞬たじろいだが、判決理由を聞いているうちに、なんというひどい判決だろうかと、次第に怒りがこみ上げてきた。

言渡しが終わり、庁舎に戻った。自分の部屋に戻り、回転椅子《いす》をくるりと回して窓の外を見た。夕闇がしのび寄っていた。事務官が遠慮がちにそっとお茶を置いて出ていったあと、どのくらいの時間が過ぎたか。「よし、控訴審はもらった」と自分に言い聞かせ、勢いよく立ち上がった。

判決の致命的な欠陥

一審判決は、私がもしやと危惧したとおり、ホーニックの人体実験結果を三段論法の大前提、中谷、善養寺両博士による細菌実験結果をその小前提と見て、結論を出してしまった。

判決は、本件では被告人の自供以外に犯行を直接証明するに足る証拠はないので、本件の成否は自供が信用できるかどうかにかかっているとした上、その自供には任意性はあるが、内容が信用できない、よって無罪だ、というのである。

なぜ、自供が信用できないというのか。

例えば、判決は、被告人がアルバイト先の川崎製鉄千葉工場医務課で、カルピスなどを薄めて飲むために氷で冷却《れいきゃく》中のヤカンの水にチフス菌液を混入し十六名を腸チフスに罹患《りかん》させたとする川鉄カルピス事件について、次のように判示《はんじ》する。

「カルピスコップ一杯中の菌数は（中谷・善養寺鑑定によると）、おおむね十万個から一千万個であったと認められる。この菌数ではホーニックの実験結果によると、喫食者《きっしょくしゃ》の五〇％以下三〇％くらいしか発症しないはずなのに、本件では七二％にも及んでいる。このような高い発症率を得るには一億個前後の菌数が（コップ一杯中に）含まれていなければならないはずである。また、本件では潜伏期が三日くらいになる。このような短期発症を惹起するには、ホーニックの実験例によると、十億個の菌数がなければならないから、右程度の菌数では実現できるはずはなく、矛盾する」

判決が前に述べた三段論法を採っていることは、これで明らかである。

感染と発病の関係というのは、宿主（本件では人間）と寄生体（同・病原菌）との間の複雑な生体反応であって、菌側の条件と宿主側の条件によって大きく左右される。すなわち、菌側の条件としては、菌の種類、毒力、数量などの要素、宿主側の条件としては、人種、年齢、性別、健康、栄養状態、免疫の有無などの要素が重要とされ、その複雑な組合せによって発病の有無、潜伏期の長短、発病率、症状の軽重などが決定される。単純に菌数の多寡《たか》だけで決まるものではない。これは医学の常識なのである。

ところで、ホーニックの人体実験に使われたチフス菌については、その毒力の程度などに関するデータは全く示されていない。そのチフス菌が平均的な（という言葉は本来細菌学にはないが）毒力の菌だという保証はどこにもない。しかもホーニックの人体実験志願者二百十三人は、「白人または黒人、ごく少数はフィリピン人で、全員が男性、年齢分布は二十一歳から五十二歳（平均三十歳代）、体重一六〇ないし一七五ポンド（約七二ないし七九キログラム）の健康な受刑囚」であり、屈強《くっきょう》な大男たちであるのに対し、本件の被害者六十四人は、約三分の二が女性、約三分の一が男性、年齢は一歳の乳幼児から六十四歳まで広く分布しており、平均体重までは測定していないが、昭和四十一年当時の日本人の平均体重は男性五八・一二キログラム、女性五〇・三五キログラムである。一見してホーニックの志願者と本件の被害者との間にはあらゆる点で顕著な開きがある。

また、症状も異《こと》なり、前者には急性胃腸炎の症状を示した者は一人もいないのに対し、後者では多くの者がこの症状を示している。判決は、これらの相違を全く無視し、単にホーニックによる実験数値のみを取り上げて本件の被害者にあてはめ、発病率や潜伏期を機械的に導き出して被告人の自供は信用できないと否定した。つまり、細菌学上の常識として、大前提とすることが決してできないはずのホーニックの実験数値を大前提にしてしまった。

細菌培養実験というのは、既に述べたように、変幻《へんげん》極まりない極小微生物を対象にする性質上、同一実験者がいかに条件を厳格《げんかく》に設定して繰り返し行った実験でも、実験ごとにその数値は異なるのが普通である。

判決は、中谷、善養寺鑑定で数値が異なる場合は多く出た方を採る、と言っているが、多く出た方が犯行方法による付着菌数だという保証はどこにもない。それを被告人の犯行による付着菌数と誤認《ごにん》してしまった。

細菌もウイルスも、現代の科学の水準では、あまりにも謎に包まれた部分が多い。そういう生命科学に属する事柄《ことがら》を社会科学の論理、しかも単純な三段論法で割り切ろうとしたところに一審判決の決定的な誤りがあった。

犯罪者というものは、自己の犯《おか》した行為について、できるかぎり過小《かしょう》に供述しようとするものである。そういう犯罪心理を洞察《どうさつ》すれば、その供述に基づく実験菌数を犯行菌数と同一視《どういっし》することなど、およそできないはずなのである。

しかも、判決は、その三段論法をもってしても発病可能な事例があると認め、「公訴事実の中に被告人の故意の犯行と推測する条件がかなりそろっているものもある」とも認定しているにもかかわらず、犯行の動機が不明であるとして、「本件公訴事実のごとき犯行が何らかの動機なくして行われたとは到底《とうてい》考えられない〔中略〕。検察官は犯罪行為としての動機の役割を軽視している感を免れない」と判示した。つまり合理的な動機が立証されなければ犯罪事実も認定できないという立場である。それでは合理的な動機などなく、衝動のおもむくままに犯罪行為に出る連続放火犯や通り魔事件のような数多くの変質者による犯行は一体どういうことになるのか。

怒りで湧いた闘志

一審判決の内容に事実の誤認や量刑の不当があると認めた場合、地検としては高検に対して控訴の決裁を仰《あお》ぐことになる。控訴した場合、二審の公判審理に立ち会うのは高検の検事だからである。高検としても、戦って勝てないような事件の控訴を認めるわけにはいかない。そこで控訴審議という手続きが必要となる。およそ次のような過程で行われる。

まず、地検の内部で判決内容を検討し、控訴する必要があると決定した場合、所定部数の検討資料を作成して高検に送付する。高検では、控訴審議に加わる検事全員に地検から送付された資料を配付して検討させ、同時に控訴審議の日時を地検に連絡する。

次に、地検では主任検事がその日時に合わせて記録や証拠を精査し、いかなる質問に対しても直ちに的確な答えができるよう準備して高検の審議に臨む。事件によっては、部長や次席も同行《どうこう》する。

こうして高検側主任検事主導の下に控訴審議が開かれ、微《び》に入り細《さい》を穿《うが》った討議が行われて控訴要否の結論が出される。控訴と決まれば、地検が地裁に対して控訴申立《もうしたて》書を提出し、事件は控訴審へと移ることになる。

この過程で一番苦労するのは、控訴審議のための検討資料作りである。

審理に何年もかかった事件は、当然ながら記録は膨大で、証拠品も多く、判決内容も多岐に分かれている。これを論点ごとに整理し、短時間で簡潔《かんけつ》に説明しなければならないので、かなりの工夫が必要だ。控訴審議の時間は長くても午後いっぱいというのが普通である。要領《ようりょう》のいい資料をもとに手際よく説明し、高検検事の鋭い質問に直ちに答えられるようにしなければならない。審議に加わる高検の検事は、事件の内容よりも、審議を受ける検事の態度から自信があるかないかを読み取って結論を出すように見える。だから控訴審議は検事の実力を試される機会でもあるのだ。

ひどい判決原稿

控訴期間は、判決の言渡しがあった翌日から数えて十四日間である。この間に右に述べたようなことを全部やらなければならない。

刑事事件の判決の場合、裁判所は判決の原稿だけで言い渡し、後から判決書を作成すればよいことになっている。そこで、控訴審議資料の作成のために検察官がまず初めにすることは、裁判所から判決原稿を借りてきて、そのコピーを取ることである。

借り出してきた判決原稿を見て驚いた。

エンピツで書いた部分、それも手分けして書いたせいか薄いもの濃いもの、コピーを張り付け、継ぎ足している部分、そのコピーも、白焼きのものと青焼きのものが混じっている。青焼きというのは、今では見かけないが、紙が青く仕上がる。複写機には乾式《かんしき》と湿式《しっしき》の二種があって、ゼロックスなど、現在は乾式に統一されているようだが、当時は湿式が多く使われていて、値段が安かったものだから、検察庁で使うコピーは湿式が原則だった。これはコピーされて上がってくる紙が濡《ぬ》れていて、乾くと青くなるから青焼きと呼んでいたのだが、文字が薄くて見にくい。借りてきた原稿は、各種のものが交じり合い、切り貼《ば》りだらけになっている。

「検事、これ白焼きしても出ませんよ」

「なぜ？」

「原稿が切り貼りだらけで、それもごちゃ混ぜになっていますから、いくらコピー濃度を高くしても、薄い文字、特に青焼きの文字は全然出ません」

「じゃあ、コピーは駄目ということか？」

「はい、残念ながら」

「……！」

私は、裁判官の配慮の無さに心底腹が立った。

この事件、無罪にすれば検察側は当然控訴の要否《ようひ》を審査しなければならないことは分かっているはずだ。その審査にまず第一に必要なのは判決内容ではないか。その判決内容を正確に把握するには判決書または判決原稿が必要であり、それを貸し出してきちんとコピーできるようにしてやるのが裁判官としての最低の良識、関係者への仁義《じんぎ》というものではないのか。

わが地検にもひどい次席がいたが、地裁にもひどい裁判官がいたもんだ。

語り草になったガリ版

私は、しばらく天井を仰《あお》いでいたが、立会事務官の大地数栄《かずえ》君に、「字の上手な事務官を十五、六人リストアップしてくれ。所属は問わない」と言った。

大地君が書き上げたリストをもって平田次席のところへ行き、やむをえない事情を説明して、ここに書いてある事務官を明日一日私に貸してくれるよう手配方を頼んだ。次席はすぐ事務局長を呼び、瞬《また》く間に十五、六人が指名された。

翌日、広い部屋には、人数分の机と椅子が用意され、机の上には謄写《とうしゃ》版と原紙、それに鉄筆《てっぴつ》が置かれていた。

「みんな、忙しいところ申し訳ないが、チフス菌事件でご存じのような結果になった。急いで控訴審議資料を作らなければならないが、判決原稿を借りてきたところ、コピーできる代物《しろもの》でないことが分かった。そこで、これからその原稿をここにいる人数分に分ける。みんなは、自分に割り当てられた原稿を鉄筆で原紙に切ってくれ。頼む」

人数分に分けた判決原稿に通し番号をふって一人ひとりに配った。

見渡すと、なぜかいつも一緒に飲んでいる呑《の》んべえの事務官が多かったが、みな問題の緊急性と重要性が分かっているので、一様に神妙《しんみょう》な顔をしていた。

「書き上げた者から順に席を立って自分の部署にもどってくれ。ただし、五時半からご苦労会を開くから、それにはみんな必ず顔を出してくれ」

と言うと、ニヤッと笑う事務官もいた。

こうしてみんな一斉《いっせい》に作業を開始し、口をきく者もなく、ガリガリという鉄筆で原版の蠟紙《ろうし》を切る音だけが室内に響いた。

他方、別室に庁内の謄写機をかき集めてずらりと並べ、謄写係の事務官を張りつけた。こうして書き手が原紙十枚位を切ると、それがこの別室に持ち込まれ、ガリ版印刷が始まる。高検からは資料として二十部位要求されていたので、原紙一枚につき二十部位刷《す》るのだが、書き手の速度が意外に早く、謄写係もフル回転の状態だった。「オレにも手伝わせてくれ」と言って来てくれた事務官もいた。途中、心配そうに平田次席が顔を出した。こうして現場は、流れ作業の印刷工場のような観を呈し、熱気に溢《あふ》れた。

作業は緊張と活況《かっきょう》のうちに進展し、その日の四時近くには完了した。ガリ版で刷り上げたわら半紙の分厚い判決原稿の写し二十部位が長机《ながづくえ》の上にうず高く積み上げられた。

ご苦労会には平田次席も出席し、事務官の労《ろう》をねぎらってくれた。

窮すれば通ずるというが、追い詰められて必死に考えた案だったが、今でも千葉地検の語り草になっているということだ。しかし、ガリ版と言っても知らない世代に交代しつつあり、遠からずして忘却の闇の中に消えて行ってしまうことだろう。


判決原稿の謄写はできた。しかし、これはどういう判決かを知ってもらう基礎資料にすぎない。控訴審議を受けるには、「控訴要否検討書」といった別の資料を作成し、①判決の骨子《こっし》、②それが容認できない理由、③その根拠を掲記《けいき》しなければならない。

記録が数十冊に上る事件である上、細菌学、疫学という専門分野の事件である。正確かつ詳細に書いたら際限がない。審議に参加する高検の検事にとって知りたいことは、判決のどこがどう誤りで、それが控訴によって是正《ぜせい》できる確たる証拠と論拠があるかという一点に尽《つ》きるはずである。そうであれば、それに答えられる簡潔で分かりやすい書面を作成すればよい。過去の記載《きさい》例にこだわる必要はない。

Ｂ４規格・縦罫《たてけい》の用紙の紙面が上・中・下の三段に分かれるようにボールペンで二本の横線を引いた。これを二、三十枚コピーした。大地事務官との流れ作業が始まった。

まず、私が判決原稿を読み進みながら、その論点となる部分を走り書きして大地君に渡す。大地君はそれを三段に分けたコピーの上欄《じょうらん》に記入する。大地君の字は、千葉地検でピカ一と評判の高いきれいな字である。次に、上欄に書いた論点について、判決の認定が間違いである理由を走り書きして渡す。それを大地君が中欄に記入する。最後に、なぜそれが間違いであるかの理由とその証拠内容を走り書きして渡す。それを大地君が下欄に記入する。上・中・下の各欄の記載がなるべく同量になるように工夫する。こうすると、対照が容易で大変見やすい。

書き上げた書面は必要部数をコピーし、こうして一番重要な控訴審議資料が完成した。

布石

一審判決後、控訴審議資料を作成する一方で、将来控訴審で必ず必要になると考えて手を打ったことが二つある。

一つは、細菌学または微生物学教室をもつ全国の大学の主任教授あてに一審判決の三段論法を説明し、細菌学上そういう論理が通用するものかどうかというアンケートを発したこと、もう一つは、元厚生省防疫課長で、東海大学医学部教授に転進しておられた春日《かすが》齊《ひとし》教授からホーニックが二度目の人体実験をしたという情報を得ていたので、その実験データを取り寄せてもらう手配をしたことである。

まず、アンケート結果では、予想したとおり、回答者全員が「そういう論理は細菌学では通用しない」と、はっきり否定していた。その中で特に丁寧な回答を寄せてくれた教授から更に詳しい根拠を説明してもらい、その内容を検事調書に作成することにして、管轄《かんかつ》地検あてに捜査嘱託《しょくたく》書を発送した。嘱託書には、教授から聞いてもらう細かい質問事項書を添付《てんぷ》した。こうしないと、専門的な事件の性質上、嘱託を受けた地検の検事が困るのである。

捜査嘱託の結果、北から北大の飯田広夫《いいだひろお》教授、岩手医大の川名林治《かわなりんじ》教授、京都府立医大の菅《すが》沼惇《ぬまじゅん》教授、大阪医大の山中太木《やまなかもとき》教授、山口医大の林良二《はやしりょうじ》教授が特に積極的に協力してくれ、嘱託先の地検から立派な検事調書が届けられた。これらの調書や鑑定証人尋問の結果が控訴審で大きな力になった。

私は、先手を打つというか、今後の展開を予想して現段階でやっておくべきことを直ちにやっておくということの重要性を身に沁《し》みて知った。この事件が無罪となって、今、社会に大きな波紋《はもん》を投げかけている、その中で一番強い関心を抱いている人は科学者、特に細菌学者と疫学者に相違ない、今ならこの人たちから率直な意見が聞ける、時が経ったら様々な思惑《おもわく》が働いて貝のように口を閉ざしてしまうかもしれない。アタックするなら今をおいてほかにない、そう考えてアンケートを発したのである。

次に、春日教授宛に届けられたホーニックの二度目の人体実験結果では、これまた予想したとおり、最初の、つまり一審で提出した実験データと大きく異なっており、しかもホーニック自身がその返書の中で、「一千個の菌の投与でも腸チフス罹患はあり得る」と明言し、一審判決の論理の一角《いっかく》を否定していることが明らかになった。このホーニックの返信とこれをめぐる春日教授の控訴審での証言が逆転有罪に大きな力をもったことは言うまでもない。

控訴審議に臨む

判決の言渡しが四月二十日ということは、控訴期限が五月四日ということになる。すでにゴールデンウィークに入っている。無罪を言い渡した裁判官は解放感でゆっくりと休めるだろうが、無罪を受けた検察側はたまったものではない。ひどい判決原稿といい、判決言渡し日の選定といい、この裁判官たちには、関係者に対する配慮というものが全く感じられない。

控訴審議に参加するよう指名された高検の検事も、ゴールデンウィークの予定を変更して、地検からきた資料を懸命に読み、審議に備《そな》えていたらしい。

審議日は、五月一日か二日だったと思う。平田次席もついてきてくれた。

私が三段表にもとづいて説明し、矢継《やつ》ぎ早《ば》やの質問に答え、詰まると平田次席が側《そば》から助け船を出してくれた。平田次席は、高検検事にも人気があり、次席が答えるとみな納得した。こうして質疑がテキパキと進んだ。そのときある検事が質問した。

「ところで、一審では訴因《そいん》の択一的変更をして、菌液穿刺の他に直接穿刺を追加しているが、当時高検に上申《じょうしん》か報告はあったのか?」

私は、ギクッとした。高検はおろか、地検の上司にも決裁を受けず、独断でやったことだ。背中に冷や汗が流れた。それを問題にされたら困った事態になる。

そのとき、平田次席がさらりと言った。

「当然です。当時、高検にきちんと報告して、よしという決裁をもらっています」

「そうでしょうね。しかし、この事件で直接穿刺を択一的に追加しておいたのは、実に賢明でしたね」

「高検のご指導のお蔭《かげ》です」

私は、こんな芸当ができる平田次席の大物ぶりに、驚嘆《きょうたん》してしまった。

もう一人の検事が言った。

「しかし、この判決コピー、ずいぶん分厚いねえ。しかも、ページを繰《く》れば繰るほど指が真っ黒になる」

わら半紙に謄写版で刷ったものだから、文字の墨が指に付きやすい。

「ということは、この事件、クロに間違いないということだな」

一同、どっと笑った。

こうして、全員一致で控訴と決まった。

高検の検事室でささやかな慰労会《いろう》を催《もよお》してくれ、千葉から土産に持っていった酒二本では足りず、検事室とっておきの銘酒《めいしゅ》をしたたか飲ませてもらった。「控訴趣意書の作成、大変だが、頑張ってくれよ」などと肩を叩《たた》いてくれる検事もあり、温かい空気に検討資料作成の苦労も吹っ飛び、帰りの車の中では「よし、やるぞ」という気持の高ぶりを抑えることができなかった。

有罪認定への大きな柱

事件が控訴されると、地裁ではタイピストが裁判官から判決原稿を受け取って作業を始める。と同時に書記官は記録を整理し、目録《もくろく》を付け、一冊目の簿冊《ぼさつ》から最後の簿冊まで通しナンバーを打つ。こうしておけば、控訴趣意書や弁論要旨などの書面を作成する際に「第○冊・○○ページ表、裏」というような表示で必要な記録や証拠を引用できるし、控訴審の裁判官も当事者が主張の根拠としている証拠の内容を迅速《じんそく》・的確に把握することができる。

この記録調製作業がなかなか大変なのである。証人尋問調書や検事調書のページが前後していないか、証拠請求目録どおりの証拠が採否決定のとおり出されているか、採用決定がない証拠が誤って記録に入り込んでいないか、一枚一枚細かく点検し、厚くなく薄くなく、一冊ずつ程よい厚さの記録に調製していくのである。この記録の調製をいかに迅速・的確になし遂《と》げるかが書記官の腕の見せどころであり、上から見れば担当書記官の能力を評価する絶好の機会でもある。

ただ大きい地裁では、こういう記録の調製や高裁への送付は書記官室ではなく、訟廷《しょうてい》室の事務官が扱っていたり、両室で分担しているところもあるようである。いずれにしても、担当の書記官・事務官は大変な事務量の責任を背負わされることになる。

そこで裁判所では戦争のような騒ぎになるので、記録の外部への貸出しは一切お断りということになる。貸し出したら調製事務がストップしてしまうからである。こうして検察官からの貸出し請求に対し「地裁としては、なるべく早く調製して高裁に送付しますので、高裁に請求して高裁から借り出してください」というような対応になる。ところが、いったん記録が高裁に送付されると、高裁の裁判官によっては、すぐに記録を読み出し、なかなか記録の貸出しを認めてくれない。しかも、地検が高裁に対して直接請求することはできない組織系統になっているので、地検としては高検に頼んで、高裁から高検に貸し出してもらい、それを地検が高検から借り受けるという面倒な手続きが必要になる。

そんなことを待っていたら、記録がいつになって地検の私の手に入るか見当もつかない。それでは控訴趣意書の作成ができない。趣意書には記録の簿冊ナンバーやページ数を入れながら構成していかなければならないからである。

当時、千葉地裁の主任書記官は市東宏《しとうひろし》、担当書記官は秋葉肇《あきばはじめ》、訟廷室の室長事務官は長谷川八郎《はせがわはちろう》の諸氏であった。

私は、どこの裁判所でもそうだが、法廷が終わると書記官室に寄り、書記官や速記《そっき》官たちと雑談してくるのを楽しみにしていた。

こうした雑談を通して、例えば、もっとゆっくり発言してくれないと速記が取れなくて困るとか、相手の答えが終わらないうちに質問すると言葉が入り乱れて速記が取れないとか、地名や人名などの固有名詞、専門用語などはあらかじめメモしておいてもらうとありがたいなどという、細かいが大切な意見に接することになる。そうした意見を尊重しながら法廷活動をするので、書記官室からは感謝され、仲良くやっていた。

そんな人間関係ができていたので、まず、市東主任書記官のところへ出掛けていき、記録の点検が済んで一冊ずつの山ができたら、表紙を付けて簿冊に調製する前に貸してくれないか、すぐコピーを取って返すから、と頼み込んだ。市東氏は、訟廷室と相談するから少し待ってくれと言った。市東氏と訟廷室の長谷川氏は仲良しである。これでOKだ。

やがて市東氏から、「裁判官には内緒《ないしょ》に願いますが、一山できたごとに貸し出しますので、こちらから連絡したらすぐ取りに来てください」との返事があった。

こうして、次々と記録を借り出し、白焼きでコピーを作成していった。青焼きだと、原本が機械に巻き込まれて汚損《おそん》し、文字が読めなくなってしまうことがある。好意で密《ひそ》かに貸し出してもらった記録が一枚でもそんなことになったら、取り返しのつかないことになり、市東氏や長谷川氏に申し訳が立たない。

通しナンバーは全巻揃わないと打てないので、こちらで作成した複製記録には、上部の余白《よはく》に仮ナンバーを打ち、裁判所の整理が全部終わっていざ高裁に送るという段階で連絡してもらい、こちらの複製記録を裁判所に持って行って原本記録の正式のナンバーを下部に記入していくという方式をとった。こうして私の手元には、高裁に送られた記録と全く同じ内容の数十冊の複製記録が揃えられた。

この方式は、後にロッキード事件の公判でも活用した。手元に裁判所にある記録と全く同じ複製記録を置いておく利便《りべん》は大変なものなのである。

市東氏は、その後何年かしてまだ五十代の働き盛りなのに病魔に冒《おか》され、鬼籍《きせき》に入られた。人格、能力ともに優れ、人の面倒見がよく、みんなに幅広く敬愛《けいあい》され、惜しまれた人物であった。

私が退職して間もなく、すでに退職されていた長谷川氏から連絡があり、秋葉君を交《まじ》えて一杯やりたいという話があった。ありがたいことであった。千葉の小料理屋で三人で酒を酌《く》み交わし、当時のさまざまな事件のこと、市東さんのこと、いろいろなタイプの面白い裁判官のこと、隠された失敗談など、夜の更《ふ》けるのも知らず語りつづけた。懐かしい、遠い日の思い出である。

検察側の仮説を裏づけた確率論

控訴趣意書の中心は、一審判決の非科学的な三段論法を論破《ろんぱ》することだが、これを論破するだけでは、本件が人為流行で、その犯人は被告人であるという積極的な論証とはならない。そこで春日博士や、その下で防疫《ぼうえき》調査官をしていた大井《おおい》清《きよし》氏に協力をもとめ、疫学的見地《けんち》から再検討し、本件は確率的に見ても自然流行ではなく、被告人による人為流行に間違いないという論証を試みることにした。

こういうことである。

人為感染説（被告人犯人説）が正しいというがためには、対立仮説である自然感染説が絶対に成り立たないということを論証しなければならない。

これは、サイコロの目の出方から出発すると分かりやすい。

サイコロを振って、例えば一の目が出る確率は六分の一である。これを連続五回振ってすべて一が出るチャンスは六分の一の五乗、すなわち十万分の十三である。五個のサイコロをパッと一度に振って全部一の目が出る確率も同じである。

現実にそういうことが起これば、イカサマだと騒ぐだろう。不自然であり、作為《さくい》があったと見るのが当然だからである。

本件でチフス菌が検出され、その型別と薬剤耐性値が同定された事件を発生地域別に見ると、①千葉市、②小田原市、③御殿場市、④静岡県駿東郡小山町、⑤三島市の五ヵ所である。この五ヵ所のチフス菌は、すべてファージD2型という遺伝的特徴を示し、菌の薬剤耐性値はCP（クロラムフェニコール）が三・一三、TC（テトラサイクリン）が一・五六、SM（ストレプトマイシン）が一二・五という数値を示している。

ところで本件の中心である昭和四十年の統計によると、感染源一二九ヵ所中、ファージD2型の出現率は一八・六％、CP三・一三は同九三％、TC一・五六は同九六％、SM一二・五は同五六・八％となっている。

右のパターン全部をサイコロの一つの目として考え、その同じ目が連続して出るチャンス（確率）を計算してみるのだ。

もしこの①から⑤の発生地における五群の腸チフスがそれぞれ感染源を異《こと》にする独立の自然感染であるとしたら、サイコロの目と同じく、検出される菌のファージ型・薬剤耐性値はバラバラであるのが普通であり、自然である。ところが本件では、この五ヵ所から検出されたチフス菌は例外なく右のパターンを示した。

この全部同一のパターンを示す菌が検出されるチャンスを計算すると、数式は省略するが、およそ十万分の一となる。これは千年に一度起こるかどうかという確率であって、およそ自然現象としてはあり得ないことを示す数値であり、こうして本件を自然感染とする仮説は成り立たないことが証明される。したがって、本件は人為感染と認める以外はない。そして本件が人為感染だとすれば、あらゆる証拠関係から見て、この五ヵ所に共通の接点があり、菌を操作できるのは被告人しかいない。しかも、被告人が保存培養していたチフス菌の型別、耐性値も全く右と同一であり、被告人もこの保存培養菌を犯行に用いたと自供しているのである。

控訴趣意書で展開したこの確率論は、やがて高裁、最高裁も認めることになり、本件を有罪と認定する大きな柱になった。

控訴趣意書に没頭

何しろ記録が多い。自分の個室では到底入りきらない。そこで無理を言って一つの大きい部屋を空けてもらい、古いが大きな机を入れた。壁際には細長い机を何台も置いて、そこに記録を番号順に並べ、こうして控訴趣意書を作成する執務環境が整った。趣意書の提出期限は九月末日と連絡があった。それまでに製本して提出しなければならない。急がなければならなかった。

毎日、夜遅くまではもとより、土曜・日曜もなく、この部屋に閉じこもって控訴趣意書の作成作業に没頭《ぼっとう》した。

梅雨《つゆ》が明け、暑い夏がやってきた。冷房は午後五時で終了、あとは扇風機《せんぷうき》しかない。しかし、扇風機は風で原稿やメモが飛んだり、開いておいた記録のページがめくれてしまったりして、どうもよくない。そこで窓を開ける。網戸《あみど》など付いていないから蚊《か》が入ってくる。それも縞《しま》のある藪《やぶ》蚊だ。この部屋は三階なのに入ってくる。どうしてだろう、と大地君に聞いたら、蚊に階数は関係ありませんよ、と言われた。

足の裏も暑いので、ゴザを買ってきて机の下の床に敷き、靴下を脱いで素足《すあし》になった。蚊に食われて痒《かゆ》くて仕方がないので、蚊取り線香を焚《た》いていたのだが、ここの蚊は煙の間をかいくぐって刺してくる。団扇《うちわ》をバタバタさせ、足をボリボリ掻《か》きながら、原稿の作成に熱中した。妻には、「まるで夜鷹《よたか》みたいね」などと冷やかされた。

ときどき夜遅くなると、運転手の野平正義《のひらまさよし》君がぬっと顔を出した。

野平君とは、なぜか気が合ってよく飲んだ。陸上自衛官出身で、かつてイギリスのBOAC機が富士山に墜落した航空事故の際も現場に派遣され、多くの凄惨《せいさん》な死体を担《かつ》いで収容する任務に就いたこともあるという。飲んべえだが、仕事は熱心で、毎朝自分が担当する官用車に最敬礼して無事を祈り、仕事が終わればどんなに疲れていても車を点検した上、丁寧に洗車して格納《かくのう》し、一日の無事を感謝してまた最敬礼するという人物である。

仕事が済んで、自分で「土方飯場《どかたはんば》」と呼んでいる地下の部屋に帰ってくると、〝疲れ休め〟と称して一杯飲む。食堂も地下にあって、会津出身の「えんちゃん」こと遠藤さんがやっている。この人は酒は飲めない。野平君と遠藤さんは気が合い、一寸した酒のつまみなどを野平君のために作っておいてやる。特に餃子《ギョーザ》は天下一品だ。それを肴《さかな》に一杯やっていると、私のことをふと思い出すらしいのだ。

「検事、仕度《したく》ができています」

見ると、ラッキョウに目鼻のような顔が赤くなっていて、かなり出来上がっている。

「忙しいから駄目だ」

「いっぺえくれえ、いいっぺよ」

「今日は駄目だ」

「かあちゃんがおっかねえんだっぺ」

「そんなことはない」

「それじゃあ、いっぺえだけ付き合ってくれ」

「しょうがねえなあ」

「あんまり根《こん》をつめると、体によくねえよ」

仕方がない。こうして仕事を切り上げ、地下に下りていく。「土方飯場」には、えんちゃんの差し入れの肴に酒が用意してある。

やがて、話が弾み、酒が回ってくると、まだ残っている検事はいないかと、野平君が探しにいく。成田事件で忙しい村山弘義《むらやまひろよし》検事（現在名古屋高検検事長）なども野平君によく拿捕《だほ》されてきた。恐れ多いことだが、たしか平田次席もこの「土方飯場」に拿捕されてきたのではなかったか。

当時は、この村山検事に、杉原弘泰《すぎはらひろやす》検事（現在広島高検検事長）、遠藤寛《えんどうひろし》検事（現在公証人）、小野沢峯蔵《おのざわみねぞう》検事（同）など、元気な検事がいて、毎晩どこかで飲んでいた。事務官もいつも一緒で、ワイワイと騒ぎ、興《きょう》に乗ると歌が出る。村山検事の秋田音頭《おんど》や佐渡の相川音頭などは絶品だった。私は、木更津甚句を覚えようとしたが、難しくて駄目で、比較的やさしい白浜音頭をよく歌った。今でも千葉の集まりでは、おい、白浜音頭を歌えという声がかかる。

成田事件の応援で引っ張り出され、完黙の被疑者と何時間もにらめっこするのがバカらしくなって、ボウリング場でさぼっていたこと、ドジョウ鍋のうまい店があって、よく行ったこと、ドジョウが好きなら食用蛙《がえる》のてんぷらも好きなんじゃねえっぺかと野平君が勝手に決めて、妙な店に案内されたこと、当時出始めたグレープフルーツを、珍し物好きな事務官が飲み会の席に持ってきたが、食べ方が誰も分からない。皮をむこうとしてもむけず、「だめだ、こりゃあ」と捨ててしまったこと、勝浦の沖に釣り仲間と船を出し、六二キロもある〝いしなぎ〟という怪魚を釣り上げた事務官や、高級魚の〝ひらまさ〟を釣り上げた事務官もいたこと、私も二・五キロの目鯛《めだい》を釣り上げ、刺し身にして二、三日舌つづみを打ったことなど、千葉は忙しかったが思い出が深い。検事を辞めてここ千葉県佐倉市に永住しようと決心したのも、そんなことが下敷きになっていることは間違いない。

第二ラウンド開始

六月の末、平田次席が少し興奮した顔で部屋に入ってきた。

「控訴趣意書、七月末までに書き上げられるか」

「はい。少しピッチを上げれば……」

「実は、八月の異動で清水君を東京地検に取りたいという話が来ているんだが、何しろこの作業が途中だと、後を引き継げる者が誰もいないからな」

「分かりました。七月末までに必ず完成させます」

こうして、原稿を書き始めたら切りのいいところで次席に上げ、決裁が下りた原稿はすぐにタイピストに渡す、という流れ作業で七月末には三十万字に上る「千葉大チフス菌事件控訴趣意書」が完成した。

完成祝いとも送別会ともつかない宴会が毎晩のように開かれた。その中で、特に嬉しかった送別会が二つある。

一つは、書記官と速記官だけが集まって開いてくれた送別会で、市東宏主任書記官が心のこもったねぎらいの挨拶をしてくれたことだ。こういう書記官と速記官だけによる検察官の送別会というのは、千葉地裁始まって以来のことだったとのことで、それを立会いの大地事務官は自分のことのように喜んでくれた。

もう一つは、千葉大チフス菌事件の弁護団の中心となって活躍された千葉綜合法律事務所の大塚喜一弁護士と門下の弁護士が集まって開いてくれた送別会で、お誘いをいただいたときは夜は全部ふさがっていた。それで丁重にご辞退したのだが、それでは昼食を一緒にということで、送別昼食会となった。

激しく対立して争った事件だった。しかし、お互い正々堂々、フェアプレーに徹していたことが、立場を越えて一種の連帯意識にまで高められていたものと思う。この席には、今や女性弁護士として法廷の内外で大活躍をしておられる渥美雅子《あつみまさこ》弁護士も参加してくれた。当時はまだ弁護士となって日が浅かったと思うが、頭の回転の速い、しゃきしゃきした弁護士で、この人はいずれ千葉弁護士会をリードしていく弁護士の一人になるに違いないと思っていたが、まさか千葉の枠《わく》をはるかに越えた、日本の法曹界のきらめくような存在にまでなろうとは当時は考えていなかった。

大塚弁護士は裁判官から弁護士に転身された方だが、今年（一九九八年）弁護士在職三十周年を迎えられた。大塚門下の若い弁護士が集まって記念論文集を出すことになり、私にも執筆の依頼がきた。もう、そういう専門の論文を書ける能力はとてもないとご辞退したのだが、強く勧められ、四苦八苦しながら、大塚先生との共通の思い出事件である千葉大チフス菌事件に題材を求めた「疫学的因果関係と刑事裁判における事実の証明」なる論文を書き上げて献呈《けんてい》した。

その論文集『日本の刑事裁判（21世紀への展望、現代人文社刊）』は、今年の九月に刊行された。千葉市内のホテルで出版記念会が開催され、請われて私もご挨拶した。大塚先生も喜んでくれた。これからは目に見えないものが凶器《きょうき》となって襲いかかってくる時代なので、私の論文も多少の参考にはなるかもしれない。

瀧岡検事との出会い

昭和四十八年（一九七三年）八月、東京地検へ転勤となり、交通部に配属された。翌四十九年一月、東京高裁で本件の控訴審が開始され、東京高検の瀧岡順一《たきおかじゅんいち》検事が主任検事となり、私は東京高検検察官事務取扱という特別の辞令をもらって、瀧岡検事の補助を務めることになった。特殊専門的知識を有し、事件に精通している検事に補助させなければ適正な控訴審の公判が進められないというのが人選の理由だったようだ。私としても、一審の無罪判決を覆すためには願ってもない辞令だった。

瀧岡検事は、広島で起こった〝仁保《にほ》事件〟という難事件の再審公判を終えて東京高検に転勤して来たばかりだった。職人肌で、粘り強く、大事件を担当してへこたれないという評判の検事であった。初対面の時、あれ、この人誰かに似ているなと思ったら、俳優の大瀧秀治《おおたきひでじ》そっくりだった。

仁保事件の後すぐに千葉大チフス菌事件の担当で、高検もずいぶん人使いの荒いところだなと思ったが、すでに控訴趣意書を読みこなしていた瀧岡検事は、「この事件、間違いなく有罪ですよ、お互い、頑張りましょう」と言った。

瀧岡検事とはウマが合った。おっとりした兄貴とやんちゃな弟分というような感じで、高検内でも、あの二人、名コンビじゃないか、という評判が立った。しばらくして聞いたことだが、私が千葉地検で佐藤次席とやり合ったことが高検に誇大《こだい》に伝えられ、あれは箸《はし》にも棒にもかからない反抗的な人間だと評価されていたようだった。

酒の席で、

「君は、どうも噂のような異端児《いたんじ》じゃなくて、まともな人間だな」

と、面と向かって言う検事がいた。そばから、瀧岡検事が、

「当たり前ですよ。大体佐藤さんなんて人物は……」

などと強い調子で援護してくれた。

瀧岡検事は、風貌《ふうぼう》に似ず、緻密《ちみつ》な人で、記録を丁寧に読み、公判に提出していなかった残記録の中からも重要な証拠を数々発見された。

決定的な証拠となった秋葉鑑定

瀧岡検事とコンビを組んでから、私は遂《つい》に奇跡ともいうべき決定的な証拠をつかんだ。

一審判決は、ホーニック実験を基礎に潜伏期三日以内の腸チフス発症はあり得ないとして、私が提出した高橋貞三郎事件中の柳田昌雄方事件の症例を無視した。一審では判例を提出した程度の立証に終わっていたことが気になっていた。少し掘り下げてみたい。

私は、川口市の柳田医院に電話をかけた。昌雄氏はすでに亡く、長男が後を継いでいた。彼に、何かその事件に関する資料が残ってはいないだろうか、と尋ねた。彼によれば、あの事件は一家にまつわる呪《のろ》わしい事件なので、資料は全部廃棄《はいき》してしまった、ということだった。がっかりしたが、一縷《いちる》の望みを託《たく》し、もし万一何か見つかったら連絡してくださいと言って受話器を置いた。昭和十一年の事件で、もう三十八年も経っている。あるはずはなかった。

ところが、何日かして、彼から電話があり、土蔵《どぞう》の中から資料らしいものが見つかったというので、私はすぐ柳田医院へ飛んで行った。

彼が出してきてくれたのは、結び目の跡だけにわずかに紫色を残している縮緬《ちりめん》の風呂敷包みで、開くと、櫛《くし》やかんざしなどの品々の中に茶色に変色しているキャビネ判の写真六枚が出てきた。よく見ると、それは高橋貞三郎から送られたチフス菌付着の生菓子「君衣」を食べて発病した家族六人分のカルテの写真で、しかも食べた日からの症状の推移《すいい》が体温表とともに克明《こくめい》に記入されている。

彼の話では、父昌雄氏はこの事件の犠牲になって死んだ妻と娘の遺品などを入れたこの風呂敷包みを死ぬまで枕元に置いて離さなかった、ということだった。

私は、写真六枚を証拠品として提出してもらい、日本細菌学会の最高峰《ほう》である東大名誉教授秋葉朝一郎《あきばともいちろう》博士（故人）に鑑定を依頼することにした。秋葉博士は、奇《く》しくもこの高橋事件で検査・鑑定を担当し、衛生技師として患者からチフス菌を検出・同定したその人であった。

秋葉博士は、当時もう八十歳を過ぎておられたろうか。浦和市に住んでおられ、足が不自由だということだったので、奥様の付添《つきそ》いで浦和地検まで来てもらった。

瀧岡検事と二人でお会いしたのだが、瘦身《そうしん》・白皙《はくせき》の秋葉博士は、六枚のカルテの写真をじっと見ておられたが、「この事件のこと、覚えています、しかし、こういう資料がよく残っていましたね」と感に堪えないように言った。そして、高橋事件が発生した当時、昌雄氏が母校の千葉医専を訪れ、主任教授の緒方規雄《おがたのりお》博士に、感染源としては「君衣」しか考えられないのですが、そうなると食べた当日に発病したということになる、腸チフスについてそういう短期発症が病理学上考えられるかと質問したこと、これに対し、緒方教授が「チフス菌の毒力が強く菌量が多ければ潜伏期を有する定型的発病ではなく異型的発病を見ることもあり得る」と答えたエピソードなど、当時のことを話してくれた。私たちは、秋葉博士に六枚のカルテの拡大コピーを渡し、鑑定を依頼した。

秋葉教授は、それから奥様の付添いで母校の東大に何日も足を運ばれ、内外の文献《ぶんけん》や症例を基礎に、潜伏期一日以内にチフス菌性胃腸炎が発症する可能性があり、その実例も多数存在すること、それはチフス菌体から遊離《ゆうり》される内毒素の作用によるものであること、ホーニックの実験については「強壮者《きょうそう》を被験者とする特殊なものであり、かつ、条件の単純化均一化に努めた特殊環境下のものであるから、これを複雑多岐な条件下にある一般社会生活者における事例にも妥当性《だとう》のあるものとして適用するためには条件の対比に十分な考慮を払わなければならない。よって、その適用を不当とする見解も十分成立しよう」との鑑定書を提出された。

表現こそ控え目だが、一審判決の論理を否定していることは明らかである。この鑑定書が一審判決破棄の決定的な証拠となった。奇跡的に残っていた六枚のカルテの写真と生き証人。私は、何事も適当なところで妥協したら駄目だ、最後まで諦《あきら》めたら駄目だ、捜査官は首が飛んでも動いてみせるというくらいの根性がなくては駄目だ、という信念を得た。これがその後の私の検察官人生でどのくらい役に立ったかしれない。

立証された一審判決の誤り

私が控訴審議資料を作成する傍《かたわ》ら細菌学教室をもつ全国の大学の主任教授を対象にアンケート調査を実施したこと、その中から捜査嘱託によって検事調書を入手したことは述べたが、この検事調書が不同意となった。そこで供述者の教授を証人請求し、証人側の希望で出張尋問することになり、大阪高裁、名古屋高裁、盛岡地裁などで鑑定証人尋問が行われた。その結果、一審判決の三段論法が細菌学上絶対に成り立たない誤った説であることがはっきりと立証された。

特に大阪医大の山中教授は、チフス菌の培養検査の際に少量の菌をピペットという細いガラス管で誤って吸い込み、あわてて昇汞水《しょうこうすい》（消毒薬）でうがいを繰り返したが発病したというご自身の経験を話され、

「昇汞水で何度もうがいをしたため、入れ歯が全部ボロボロになってしまったが、それでも腸チフスになった。私は、たとえ一匹でも条件次第では発病すると信じている」

と、強い口調で証言された。

確率論の関係では、四日市公害訴訟の原告側請求鑑定人として住民側勝訴に大きな力を発揮《はっき》された当時県立三重大学教授・吉田克己《よしだかつみ》博士に鑑定証人になってもらったところ、吉田博士は、

「本件が偶然に起きる確率は、私の計算によると百万分の一位であり、したがって、この事件が偶然起こったということはありえない、つまりこの一連の事件は何らかの人為的なものによって起きた、これが疫学の結論です」と、実に明快《めいかい》に証言された。

私は、一審で春日、大井両氏から確率論の示唆《しさ》を受け、本件が自然流行として起こりうる確率は十万分の一位という結論を導いて論告で主張したのだが、両氏とも厚生省の防疫調査課でこの事件の疫学調査を担当していることから、高裁では割り引いて認定されないとも限らない。

そこで、そういう立場を離れた、つまり本件とは全く関係のない学者の協力を得て確率論を深《しん》

化《か》させたいと思っていた。

しかし、こういう世界には詳しくないので、控訴審になってから春日教授に、いま日本で一番名が通っていて、裁判所にも信用のある疫学者は誰かを調査してもらった。その結果、吉田教授の名前が伝えられた。ただ、吉田教授は公害裁判などで国側と対立する学者だから、検察側に協力してくれるかどうか分からない、というのが春日教授の意見だった。

私は、接触してみなければ分からないと思い、心を込めて協力を求めた。何回か資料を送付し、書簡《しょかん》の往復をした後、名古屋へ出張し、吉田教授と面談《めんだん》した。実にさわやかで、明快な話をされる学者だった。検事に協力することは国家権力に協力することだなどという偏狭《へんきょう》な考えは全然もっていない。自分の専門である疫学の観点からすると、本件はどう見るのが学問的に正しいのか、それだけが吉田教授の関心事だったのである。だからこそ吉田教授の協力を取り付けられたのであった。

公害訴訟の住民側証人・鑑定人は左翼↓国家権力に対する批判者↓よって非協力、というような図式で物事や人物を判断しては駄目だ。

私は、いつも後輩に「やってみなければ分からない」と言っている。駄目でもともと考えればいいんだ、と激励する。そういう指導が特に必要な時代になってきているような気がする。あまり頭が良すぎると、先が見えてしまって、というか、見えたような気がしてしまって、初めから行動を起こそうとしない。そういう若い人たちが増えてきたように思われるのだが、どうであろうか。結果がはじめから分かっているような事件は皆無なのだ。

証拠の最大の復讐

昭和五十一年四月三十日、東京高裁第十一刑事部は検察官の主張を全面的に認めて一審判決を破棄《はき》し、被告人鈴本満に「懲役六年」（求刑十年）の実刑判決を言い渡した。

私は、すでに東京地検特捜部に移っていて、その判決結果を高検から伝えられると、すぐに福岡高検刑事部長に転出《てんしゅつ》しておられた瀧岡検事に電話した。瀧岡検事は「ありがとう……」と言ったまま、絶句《ぜっく》した。受話器を手にしながら、泣いているような様子だった。

昭和五十七年五月二十五日、最高裁第一小法廷（裁判長団藤重光《だんどうしげみつ》）は、被告人側の上告を棄却した。その判決文の中で次のようにはっきりと説示《せつじ》している。

「本件について、短期発症の腸チフス及び赤痢をエンドトキシン〔注・菌体内毒素〕論の採用により説明しうるとした原審〔注・控訴審〕の判断は、首肯《しゅこう》することができる」

「第一審判決がホーニックらの実験結果に菌数の鑑定結果をあてはめ、これにより算出された発病率、潜伏期をもって機械的に事実認定の基礎としたことは、相当でない」

「直接菌を穿刺したという被告人の司法警察員に対する自白を採用した原審の判断は相当というべきである」

「本件十一のチフス菌による事件のうち、被害者から菌が検出され鑑定の行われた九事件については、その菌のファージ型がいずれもD2型であり〔中略〕、薬剤感受性値もいずれも一致しているのであって、このことは、右九件が自然流行として起こりうる可能性はほとんどないことを意味するものである。しかも、これらが被告人の保存培養していた菌のそれとも一致していることは、被告人の保存培養していた菌が右各犯行に使用された蓋然《がいぜん》性が高いことを示すものである」

「各般の証拠に基づいて被告人を異常性格者であると認定した原審の判断は相当であり〔中略〕、本件のような重大な犯罪を犯すについては必ずやそれ相応の動機がなければならないとの前提のもとに、かかる動機の立証のないことなどから被告人の犯行自体を否定したことは、とうてい支持することができない」

完璧《かんぺき》な勝利だった。

千葉県警が鈴本を逮捕した昭和四十一年四月七日から最高裁判決まで実に十六年余の歳月が流れていた。

被告人鈴本満は服役し、私の戦いも終わった。

この章の最後に、批判と自戒《じかい》を込めて元最高検検事・法学博士出射義夫《いでいよしお》氏執筆の『検事物語』の中の言葉を引用しておきたい。

「証拠と共に笑い、証拠と共に憂《うれ》い、証拠と共に泣き、そして証拠と共に憤《いきどお》り得る心がなければ、真相の声を聞き、真相の脈拍《みゃくはく》に触れ、真相の持つ温かさを感ずることは難しいのである。自己の主張にとらわれ、証拠を単に利用するものとしか考えない者には、証拠はニヤニヤ笑いながら、その人の色眼鏡《いろめがね》に相応《そうおう》する姿しか見せない。これが証拠の最大の復讐《ふくしゅう》である。これが一番恐ろしいのである」

真っ直ぐの心で正しく物事を見ること、加えてひたむきに努力すること、それが検事でも誰でも、一番必要なことであるように思われる。

第五章　天の網――衝撃！　ロッキード事件

昭和五十一年二月五日、夜

新聞は検事の重要な情報源でもあるが、新聞の読み方は検事によって、また、その立場などによって異なり、一様ではない。

検事正になると、出勤すれば三大紙、日経の外に各地方の有力紙が机の上に揃《そろ》えられていて、新聞に目を通すことから一日が始まる。自庁で処理した事件がきちんと報道されているか、内《ない》偵《てい》捜査中の事件がスッパ抜かれていないか、背後に大きな事件が潜《ひそ》んでいるような記事はないかなどが関心事で、必要があれば次席検事を呼んで指示する。

ヒラの時代は、役所で読むのはせいぜい一紙か二紙で、それも回覧《かいらん》式だから落ちついて読めないし、どこかの部屋で引っ掛かっていてなかなか回ってこない場合も多い。じっくりと読めるのは官舎で個人的にとっている新聞だが、宵《よい》っ張《ぱ》りで朝寝坊の私は、朝刊は読まないで出勤し、帰宅してから朝刊と夕刊を同時に読むというくせがついてしまい、上司から「今朝の新聞に出ていたあの事件だが……」などと言われ、さて、何の事件だったかなと戸惑《とまど》ったりしたことを思い出す。

新聞はまず社会面、とくに事件の記事から、というのが検事の新聞の読み方だと思われる。

このスタイルは、検事を辞めた現在でも変わらない。習性になってしまった。

昭和五十一年（一九七六年）二月五日の夜、出張先から役所に寄らないでそのまま官舎に帰宅し、購読していた毎日新聞の夕刊を見て驚いた。一面トップに大きな活字が躍《おど》っている。

〝ロッキード社がワイロ商法　エアバスにからみ四八億円〟

〝児玉誉士夫《こだまよしお》氏に二一億円〟

〝日本政府にも流れる〟

急いで朝日、読売その他の夕刊を買いに走った。どの新聞にも一面で大きく報《ほう》じられている。

あとで知ったことだが、二月四日、ワシントンで開かれたチャーチ委員会（合衆国上院外交委員会多国籍企業小委員会）の公聴会《こうちょうかい》で、ロッキード社の会計検査に当たったアーサー・ヤング会計検査事務所のウイリアム・G・フィンドレーが、ロッキード社が開発したジェット旅客機トライスターを世界各国の航空会社へ売り込むために行った献金の実態等を明らかにした。その中で、日本の政財界の要人らにも多額の献金がなされたと証言した。

この証言内容が、その日（時差の関係で日本時間五日）の日本の夕刊に一斉《いっせい》に載《の》ったのである。

私は、これはひょっとして特捜部の出番になるのではないかと思った。そして、この時期に特捜部にいるということは、自分にとって運がいいのか悪いのかと首をかしげた。

二日後の二月六日、今度はロッキード社の副会長アーチボルド・カール・コーチャンが、丸紅を通じて日本の政府高官に約二百万ドルを支払ったほか、児玉誉士夫にも数百万ドルの金を支払っている、小佐野賢治《おさのけんじ》も販売戦略に貢献してくれた、などとチャーチ委員会で証言した。

こうして日本のマスコミは、連日、ロッキード事件を取り上げ、疑惑《ぎわく》の政治家の名前も紙面に載るようになり、やがてこの事件に捜査機関はどう対処《たいしょ》しようとしているのかと、矛先《ほこさき》が捜査機関に向けられるようになった。

私も、この報道だけは毎朝欠かさず読んでから出勤した。

フィクサー児玉誉士夫

特捜部の検事も、二月五日の夕刊の記事やテレビ報道で初めて事件を知った。しかし、捜査に着手《ちゃくしゅ》してから分かったことだが、この新聞報道以前にこの情報をキャッチしていた日本人がいた。児玉誉士夫である。

児玉は、戦後、巣鴨拘置所《すがもこうちしょ》に戦犯として留置されていたが、このとき児玉の通訳となったのが米国生まれの二世・福田太郎《ふくだたろう》で、出所後も二人は家族ぐるみで親交を重ねていた。児玉をロッキード社東京事務所の元所長ジョン・ケネス・ハルに引き合わせたのが、この福田である。

ハルは、ロッキード社の開発したジェット戦闘機F104スターファイターを日本に売り込むため、昭和三十二年（一九五七年）ごろから日本に滞在していた。児玉の協力で、ダグラス社が政府内定にまで漕《こ》ぎつけていたジェット戦闘機F11Fスーパータイガーを蹴落《けお》とし、ロッキード社は土壇場《どたんば》でF104の売込みに成功した。この時から、ハルとロッキード社にとって、児玉は神様になった。

私が舌をまいたのは、ロッキード社の長期的展望に立った「投資」ということだ。

ロッキード社は、F104の売込み成功で児玉との関係を終わりにせず、児玉を秘密コンサルタントに雇《やと》い、毎年巨額の顧問料を払いつづけてきた。この捨扶持《すてぶち》がやがてトライスターの売込みの際に生きることになる。

IBM社がアメリカの小学生に自社製のコンピュータを無償で配付しているという話をどこかで聞いたことがある。その小学生が成人し、コンピュータを購入する年代に達したときには、慣れ親しんだIBM社の製品を求めることになるであろうとの戦略からだというのだ。単なる噂にすぎないのかもしれないが、こうしたはるか遠い先をにらんでの長期的な企業戦略には、畏敬《いけい》をこえて、何か肌寒《はだざむ》いものすら感じる。

さて、ハルの後任者で、今度はトライスターの売込みのため日本に滞在することになったジョン・ウイリアム・クラッターを児玉に引き合わせたのが、当時ジャパンPR社の社長となっていた福田である。F104の逆転劇からトライスターへの協力要請は当然の流れであった。

これは山辺力《やまべつとむ》検事が福田を取り調べた結果判明した事実だが、チャーチ委員会が開かれる前に、ワシントンに滞在中のクラッターから福田に電話が入った。

「明日二月四日、チャーチ委員会では、トライスターの対日販売戦略に関する資料を公表すると言っているので、児玉先生の名前も出る。そのことを先生に知らせてほしい」

福田は、すぐ世田谷区等々力の児玉邸に駆《か》けつけ、児玉にクラッターからの伝言を伝えた。

児玉は、

「それは話が違う。こっちには一切迷惑をかけないと言ったではないか」

と激怒した。同席した児玉の秘書大刀川恒夫《たちかわつねお》も「それは否定しなければいけません。先生は知らないと言えばいいのです」と進言。福田が「それではクラッターや私の立場はどうなるんですか」と不満を漏《も》らすと、大刀川は「事件は三ヵ月くらいで解決します。選挙がらみだから長くはかからない。ハンコと書類は燃やしてしまいます」と言った。

ロッキード社と児玉との間で取り交わされていた契約書その他の重要な物証は、この時を境に、すべて隠滅《いんめつ》されてしまい、後に児玉事件の担当を命じられた私は、その発掘・再現に大変な努力を強いられる結果となった。

特捜部の苦悩

特捜部の捜査は、普通、犯罪の端緒《たんしょ》をつかむと、隠密裡《おんみつり》に内偵捜査を展開して広く証拠を収集し、それを丹念《たんねん》に分析検討して、補充《ほじゅう》すべき証拠があれば更《さら》に積み重ね、あらゆる角度から見て有罪の立証十分と判断するや、機を見て一気に攻めに転じるというものである。したがって特捜部の場合、いわゆる重要参考人に任意出頭《しゅっとう》を求めたということは、これから捜査が始まるというのではなく、もはやその時点では証拠固めはほとんど終了しているということを意味する場合が多い。

ところが、ロッキード事件の場合、そういう内偵捜査による証拠の積み上げということは全くなく、二月五日の夕刊の記事が正に捜査の端緒であった。その点では、アメリカなどに特派員を派遣しているマスコミの取材活動の方が特捜部の捜査よりもはるかに先んじていたことになる。

我々ヒラ検事仲間では、この事件、特捜部として着手する気があるのかどうか、ヒソヒソと話し合っていた。着手しないで部の存在意義はあるか、必ず着手する、という積極的な意見がある反面《はんめん》、着手しようにも証拠は海の向こう、はるか彼方《かなた》にあり、我々の手には何もない、徒《と》手空拳《しゅくうけん》で一体我々に何ができるというのだ、残念だが無理だ、という消極的な意見もあった。寄るとさわると、そんな話をしていた。私は、右に揺れたり、左に揺れたりしていた。

噂も飛び交った。最高検、高検は積極的だが、地検は慎重、むしろ消極的だという噂、いや、検察は上下すべて積極的だが、どうも法務省が押さえているらしい、政治家からの圧力も凄《すご》いらしいぞ、という噂などであった。

しかし、この未曾有《みぞう》の大事件に対し、法務省と検察庁の意見は急速に一本に固まりつつあったことを後で知った。

不退転の決意

私には、正に天の配剤《はいざい》としか思えないのであるが、この時期の法務・検察の重要な部署には、実力派の特に優秀な人材が配置されており、それまでの検察の歴史の中で、私の知るかぎり、最も優れた陣容《じんよう》を誇《ほこ》っていた。

まず、捜査の指揮をとる検察の幹部は、検事総長布施健《ふせたけし》、次長検事高橋正八《たかはししょうはち》、東京高検検事長神谷尚男《かみやひさお》、次席検事瀧川幹雄《たきがわみきお》、東京地検検事正高瀬禮二《たかせれいじ》、次席検事豊島英次郎《とよしまえいじろう》、特捜部長川島興《かわしまこう》、それに担当副部長吉永祐介《よしながゆうすけ》、財政経済事件担当副部長石黒久暘《いしぐろひさあき》の諸氏で、特に布施検事総長は、沈着《ちんちゃく》冷静にして果断《かだん》、小柄《こがら》ながら古武士然とした風格があり、部下を心服《しんぷく》させる威《い》を自《おの》ずから備えていた。昭和二十九年の造船疑獄事件で、時の法務大臣犬養健《いぬかいたける》による自由党幹事長佐藤栄作《さとうえいさく》の逮捕は許諾《きょだく》せずとの指揮権発動に、唯々諾々《いいだくだく》と屈伏《くっぷく》した検事総長佐藤藤佐《さとうとうすけ》のような腰抜けではない。私は、前にも書いたとおり、千葉大チフス菌事件の控訴審の公判に補助として立ち会っていたが、その時の東京高検検事長が布施氏で、毎日の昼食会でお目にかかっていた。低い穏やかな声で、ゆっくりと短く話される。細く、思慮深い、澄《す》んだ目をしておられた。

次に、法務省側には、国会での激しい質疑《しつぎ》の矢面《やおもて》に立つ法務省刑事局長安原美穂《やすはらよしほ》氏、その安原氏を直下《ちょっか》で支える刑事局参事官堀田力《ほったつとむ》氏（現在弁護士・さわやか福祉財団理事長）がおられた。

安原氏は、捜査の内容、特に政治家の氏名を明らかにせよと迫《せま》る国会議員に対して、捜査の秘密を理由に断固拒否しつづけた。その淡々《たんたん》とした簡潔・冷静な答弁には、執拗《しつよう》に波状攻撃をかけてくる国会議員を沈黙させる明快な説得力と迫力があり、私はテレビの画面に釘《くぎ》づけになった。

堀田力氏は、昭和四十七年二月に渡米して在アメリカ合衆国日本国大使館一等書記官を務め上げ、三年半の任務を終えて昭和五十年八月に帰国し、刑事局参事官に就任しておられた。渉外《しょうがい》事件担当で、アメリカの司法省や関係機関に幅広い人脈をもつ堀田氏の存在は大きく、このロッキード事件は特に堀田氏の八面六臂《はちめんろっぴ》の活躍なくしては固めることはできなかった。

その他、特捜部には、河上和雄《かわかみかずお》、村田恒《むらたひとし》、佐藤勲平《さとうくんぺい》、濱邦久《はまくにひさ》、山辺力、広畠速登《ひろはたはやと》、小林幹男《こばやしみきお》、友野弘《とものひろし》、松田紀元《まつだのりもと》、近藤太朗《こんどうたろう》、松田昇《まつだのぼる》、水流正彦《つるまさひこ》、寺西輝泰《てらにしてるやす》、神宮壽雄《じんぐうとしお》、水上寛治《みずかみかんじ》、吉川壽純《よしかわとしずみ》、荒木友雄《あらきともお》、東條伸一郎《とうじょうしんいちろう》、宮崎礼壹《みやざきれいいち》、小木曽国隆《おぎそくにたか》、中重正人《なかしげまさと》、石川達紘《いしかわたつひろ》、松尾邦弘《まつおくにひろ》、馬場俊行《ばばとしゆき》、増井戸一郎《ますいといちろう》（順不同）ら錚々《そうそう》たる検事が配置されていた。

こうした当時の法務・検察の人材配置、加えて内閣総理大臣には田中角栄《たなかかくえい》に一貫して批判的な三木武夫《みきたけお》氏、法務大臣には飄々《ひょうひょう》として派閥や政争の圏外にあるような稲葉修《いなばおさむ》氏が占めていたことなどを見ると、正にロッキード事件を徹底的に解明させようとの天の意志としか私には思えないのである。

これは先の話になるのだが、人事配置のことではもう一つ忘れられないことがある。いよいよ重要人物の逮捕に入るかというとき、特捜部では横浜地検の安保憲治《あんぼけんじ》検事（現在弁護士）が応援にくるという噂が立った。私は、まさかと思った。安保検事は横浜地検の総務部長の要職にある。いかにロッキード事件が重大事件でも、東京、大阪に次《つ》ぐ大地検の総務部長を東京地検に応援に出させ、一捜査検事として被疑者の取調べに当たらせるようなことがあるはずはない。だが、噂のとおりになった。私はこのとき特捜部の不退転《ふたいてん》の決意を感じ取った。

安保検事を名指しで応援要請したのは主任検事の吉永副部長（後に検事総長、現在弁護士）

である。もちろん辞令は東京高検検事長から出されているが、人選は吉永副部長の強い要請による。こうして横浜地検では、次席検事の岩田農夫男《いわたのぶお》氏が総務部長を兼務し、刑事部長の篠宮《しのみや》力《つとむ》氏が岩田氏を補佐するという非常体制をとることになった。

吉永、安保両氏は、石黒副部長と共に河井信太郎《かわいのぶたろう》元特捜部長（故人）の下で〝日通事件〟、〝森脇・吹原事件〟という戦後の大事件の捜査に当たった仲間同士である。三人とも背が低く、小柄なので、我々ヒラの間では「チビッ子三人組」とか、この三人に同じく河井門下で小兵の村田恒検事を加え「チビッ子四人組」などと密《ひそ》かに呼んでいた。体は小さいが、いずれも知恵と闘志の固まりのような人物だった。

安保検事が退職して公証人になった後の、酒の席でのことだが、応援要請があった当時のことを教えてもらった。

安保氏は、こんなことを言った。

「僕と吉永とはお互い性格が激しくて、本当は合わないんだが、吉永のいいところは、ここで何が大切か、それには誰が最適かという判断の場面になると、性格が合うとか合わないとか、好きか嫌いかなどということは一切お構いなく、ビシビシ手を打っていくということだろう。彼にとって大切なのは事件だけで、すべて事件中心に判断し、実行していた。ああいう人物は、もう二度と出てこないだろう」

安保検事は、丸紅の檜山広《ひやまひろ》社長を取り調べ、見事自供させた。

丸紅の専務・大久保利春《おおくぼとしはる》を取り調べ、有名な「心に曇《くも》りを感じる金」という言葉とともに完全自供に追い込んだ村田恒検事（現在弁護士）、常務・伊藤宏《いとうひろし》を取り調べ、精魂《せいこん》を込めて自供させた松尾邦弘検事（現在法務省刑事局長）、死の病床にある福田太郎を取り調べ、焦《あせ》らず、無理せず、じっくり耳を傾けて遂《つい》に真実の供述を引き出した山辺力検事（現在公証人）など、ロッキード事件の大物被疑者の取調べに関与した名検事は、すべて吉永副部長の眼力で配置されたものである。スジ読みの確かさ、用兵の妙、不退転の闘志、それが吉永副部長の凄味《すごみ》であった。

可能性は一%

夕刊にロッキード事件の第一報が掲載されてから十三日目の二月十八日、検察首脳会議が開かれた。後になって聞いたことだが、証拠入手の見通しも立っておらず、悲壮《ひそう》な雰囲気の漂う中で、神谷東京高検検事長（後の検事総長、現在弁護士）が、

「いま、この事件の疑惑解明に着手しなければ、検察は今後二十年間国民の信頼を失う」

と言った。

神谷氏は、私が札幌の新任検事だったときの検事正である。すでに退官されて久しく、書と

川柳《せんりゅう》を楽しまれながら悠々自適《ゆうゆうじてき》の毎日を過ごしておられる。私は、札幌の新任検事時代からの親友、吉川壽純《よしかわとしずみ》君（現在弁護士）と一緒にご自宅に伺ったり、二人で幹事をしている札幌会の会合にご臨席いただいたりしているのだが、神谷氏にとっても特に感慨深い事件だったようで、よくロッキード事件の話が出る。「国民の信頼を失う」発言をした時の心境について尋ねると、

「進むも地獄、退《ひ》くも地獄なら、進むしかないではないか」

と笑っておられた。検察の方針は、神谷検事長の国民の信頼発言で決まった。その年の高瀬禮二東京地検検事正の年頭の辞の中に「総力を結集する検察、国民の期待に応える検察を実現せよ」とあったが、正にその言葉を地でいくようなゴーサインだった。

私は、そのゴーサインを知って、やったな、と喜んだが、まてよ、と不安になった。はたして新聞や週刊誌上しきりに見え隠れする田中角栄らの政治家を逮捕して起訴に持ち込める勝算はあるのか。造船疑獄の二の舞になるのではないか、と。

しかし、それから六日目の二月二十四日、児玉邸、丸紅本社など都内の二十七ヵ所に対して検察・警察・国税の三者合同による強制捜索が行われた。被疑事実は、児玉が昭和四十七年分の所得税について虚偽《きょぎ》の確定申告をしたという所得税法違反の事実である。

長期五年未満の懲役・禁錮《きんこ》または罰金に当たる犯罪の公訴《こうそ》時効は三年であり、児玉の昭和四

十七年分の脱税について所得税法違反の刑事責任を問えるのは、児玉が虚偽の申告をした四十八年三月十四日から数えて三年目の五十一年三月十三日までである。急がなければならない。児玉の四十七年分の脱税額は一〇億円近く、公訴時効の完成を見過ごすわけにはいかなかった。

こうして公訴時効ぎりぎりの三月十三日に児玉に対する起訴が行われ、これが一連のロッキード事件に対する最初の起訴になった。しかし、贈収賄による政治家の逮捕を最大の焦点としているマスコミの反応は冷やかであった。

当時の『サンデー毎日』（一九七六年三月十四日号）には、特捜部のＯＢ談として「贈収賄で起訴に持ち込める可能性は一％」とあったが、児玉の追起訴は可能としても、政治家の逮捕・起訴までは無理ではないかと現職の我々も密《ひそ》かに思っていた。バカなことを言うなとは言えないような当時の空気だった。

児玉邸などに対する強制捜索に当たっては、検事五十八名、副検事五名、事務官六十五名、合計百二十八名による専従捜索班が編成された。このうち検事十名と事務官十名は東京高検管内、つまり関東甲信越の数地検から応援派遣されてきたものであった。

公判担当を命じられていた私は、この捜索を指をくわえて見ているしかなかった。

前年の昭和五十年八月に特捜部に配属されたとき、一年間は公判を担当せよ、二年目から捜査に回すと川島特捜部長から言い渡されていた。まだ、半年しか経っていない。しかし、せっかく特捜部に配属されて、この天下の大事件に遭遇《そうぐう》したというのに、その捜査に関与できないというのは情けない。

公判には古くて難しい否認事件が多数係属《けいぞく》していて、手を抜くわけにはいかない。さりとて他の検事に公判を代わってもらって自分をロッキード事件の捜査に、というような虫のいいことは言い出せない。

いろいろ考えた末、そうだ、公判は週三日だから、それ以外の日に捜査を手伝わせてもらえばいい、公判の準備は日曜とか平日の夜にやればいいと決心し、直属の石黒副部長にロッキード事件の捜査を手伝わせてもらいたいと申し入れた。石黒副部長は、それじゃ吉永さんに言っておくよ、と言った。しばらくして、吉永副部長から呼出しがあり、ありがたい、猫の手も借りたいくらいだ、と言われた。

こうしてロッキード事件捜査陣の端《はし》に加えてもらい、参考人の取調べなどの捜査に関与することになった。

水面下で動き出す

大きな事件の捜査の場合、特捜部では副部長が主任検事になり、当然のことだが、捜査員はその副部長の指示のままに行動する。ただ、その指示に当たっては、例えばなぜその店の捜査が必要なのかの説明が一切ない。これこれを調べて、その結果を報告せよ、供述調書は取れというときまで取るな、という具合《ぐあい》である。

例えば、ある銀行の窓口の行員を指定し、「その行員から○月○日から○月○日までの間、店にやってきた客の中でとくに印象に残っている者はいなかったかどうかを聞いてこい」とか、ある会社の重役を指定し、「その重役のいつからいつまでの行動を調べてこい」というような指示である。なぜそれが必要なのかの説明は一切ない。

これは、捜査員に予断を抱かせずに捜査をさせるためである。なまじ説明すると、捜査員は主任検事の描いている絵に沿った迎合《げいごう》的な捜査をしてくるおそれがないとはいえない。それでは真相がつかめない。主任検事だけがジグソーパズルの台紙を手に持っていて、捜査員が持ち帰るピースをその台紙の描線《びょうせん》に沿って並べていく。持ち帰ったチップが合うかどうか、それは主任検事の判断に委《ゆだ》ねられる。合わないようなピース、つまり検察官調書を作成して持ち帰られたら、後でその存在が公判で障害となる。そこで捜査の結果を報告させ、台紙の描線に合った場合についてのみ調書の作成を命じることになる。こうしてジグソーパズルが完成し、一枚の絵、つまり公訴事実が固まってくる。

捜査員にしてみれば、その理屈はよく分かっていても、何か子供の使いみたいな頼りない感じになる。報告して、よし、すぐ調書にしろといわれるような調べがしたい。そこで密かに先輩検事を訪ねて、実は主任検事からこういう指示を受けたのですが、その目的はどこにあるのでしょうかなどと聞いたりする。さあ、分からん、という先輩もいれば、多分こういう線ではないか、などと答えてくれる先輩もいた。しかし、結局はよく分からないまま調べをしてきて報告し、調書を作成した場合もあるし、ああそうか、それじゃ調書はいらないと言われて、がっかりしたこともある。

ただ、後になって冒頭陳述書などを読むと、自分が調べたことが全体のどの部分に当たる事実だったのかが分かってくる。ああ、あの行員の取調べを命じたのは、児玉が和服姿でステッキをつき、風呂敷に大金を包んできて窓口で割引債を購入しようとしていた事実を目撃していないかどうかを確かめさせるためだったんだな、などと知るわけである。

北炭（北海道炭礦汽船株式会社）の社長だった萩原吉太郎《はぎわらきちたろう》氏に参考人として来てもらったことがある。細かい取調べ事項があって、なぜそんなことが必要なのか全く分からなかったが、後で横井英樹《よこいひでき》から乗っ取られそうになっている台糖株式会社に児玉が肩入れをして防衛してやったことに対する謝礼金の支払いに関係していたということを知った。萩原氏は、非上場の熱海観光道路株式会社の初代の代表取締役を兼ねていた。児玉は、自分が持っていたこの熱海観光道路の株式を台糖株式会社に時価の六倍以上の金額で買い取らせることにより、その差額四億五〇〇〇万円以上を謝礼金として受け取っていた。萩原社長からは、参考人として熱海観光道路株式会社の資産内容や業績など、株価に関係する事項を聴く必要があったのである。

萩原氏は話好きの気さくな人で、北炭の社名の中になぜ「汽船」などという文字が入っているかと聞くと、それは夕張炭鉱などで採掘《さいくつ》した石炭を石狩湾から内地へ運ぶため汽船を所有して運送していたからなんだ、というような話をしてくれた。そして、北海道の大沼近くに静かなよい保養所があるので、是非使ってくれなどと言ったりした。リップサービスである。


何日もかかって調べたが、ついに調書にならなかった取調べもあった。

これは、ある大会社の常務取締役Aさんで、自分の地位や処遇《しょぐう》に対する不満が多い。自分は番町小学校、麴町中学、一高、東大をストレートで出ている、あいつも麴町中学、一高、東大ときているが、小学校は番町じゃない。それなのにあいつが専務で俺が常務だとはどういうことだ、とか、こいつも一高、東大だが、高校は四国だ、しかるにこいつの方が俺より上席の常務だ、社長も一高、東大だが、田舎の小・中学校じゃないか、どう考えても納得できない、などと言っている。つまり自分はスーパーエリートできているのに、それに相応《ふさわ》しい待遇をしてくれていないというのが不満なのである。こういうのを学歴バカという。

こちらが聞きたいことには答えてくれない。しかし、隠しているわけではなく、本当に知らないのだということが分かった。つまり、常務とはいっても、重要な事項の決定には参画させてもらえない窓際族なのだ。主任検事に報告したら、もういいよ、というので、部屋に戻ってきて、Aさん、これで終わりました、ご苦労さんでした、と言ったら、

「えっ、もっと聞いてくださいよ。私はいつでも来られるのですから」

などと言う。自分がこうして特捜部に何回も呼ばれるということは、自分が重要な人物だからであり、今度はそれが自分のプライドになっているようなのだ。特捜部の調べを受けるというのはべつに名誉な話だとは思えないのだが、超一流の大会社にも、こうした変な重役がいるのだということが分かった。

しかし、考えてみれば、いつも他人との比較で一喜一憂しているという、何だか情けない人間が多いのも事実のようである。

迅速の捜査展開

私は、鵜飼《うかい》の鵜のようにせっせと水に潜《もぐ》って魚をくわえてくるような仕事に精を出していたのだが、全く違う次元で大変な捜査が同時進行していたことをやがて知った。

この事件の最大の難関は、重要な証拠のほとんどが海外にあるということだ。金の授受やその原因を証明する領収証や契約書などの物証はもちろん、その授受の原因、経過を解明するた

めに不可欠な参考人などの人証、それに贈賄したとされる被疑者本人も海外にいる。まさに八方塞《ふさ》がりの状態なのだ。

捜査の成否は、海外にあるこれらの重要証拠をいかにして入手するか、ということにかかっていた。

当時、法務省刑事局の堀田力参事官は、後任の日本国大使館一等書記官原田明夫《はらだあきお》氏（現在法務省事務次官）と連絡をとり、その協力の下に米司法省刑事局長や連邦証券取引委員会の担当課長等在米中に培った幅広い人脈線上の人々と極秘裡に交渉を重ねた。この粘り強い交渉が効を奏《そう》し、アメリカ側から資料の提供を受け取る運びとなった。

特捜部では、この海外資料を受け取るため、資料課の田山太市郎《たやまたいちろう》課長と水野光昭《みずのみつあき》事務官を、四月六日、密かにアメリカへ出発させた。堀田参事官は、この時すでに法務省から特捜部の現場に移ってきていて、資料の受渡しの采配を振るっていたはずである。

特捜部資料課には、特に捜査能力に優れた粒よりの事務官が配置されており、検事を補佐して銀行捜査など専門的な捜査に従事する。いわば隠密部隊である。私は、玩具《がんぐ》メーカーの某社が製造・販売したウルトラマンの贋作《がんさく》事件捜査で資料課の面々と仲良くなり、それ以来、よく資料課に顔を出して一緒に酒を飲んだりしていた。次の話も、そんな席で聞いた話で、多少記憶違いがあるかもしれないが、そう大きくは間違っていないと思う。

田山課長と水野事務官の二人は、日本大使館の一室でアメリカ司法省のクラーク検事から資料を受け取った。割り符として、無造作《むぞうさ》にちぎられた紙が用いられ、双方の差し出した紙片の裂《さ》け目がピタリと合った。田中・水野の二人は、ろうで封印されたその資料包みをカバンに入れ、帰国の飛行機に飛び乗った。その飛行機がアンカレッジで運行停止となるというアクシデントに見舞われる。その間にアメリカ司法省側では資料を日本の捜査機関に引き渡したことを発表してしまった。

二人が十日夕刻に羽田に着くと、大勢の報道陣が待ち構えている。二人は日本を発つ時から変装用に準備していった派手な上着を着込み、サングラスをかけ、洋酒などを一杯詰めた紙袋を両手に下げてタラップを降りていった。誰もこの二人がかの極秘資料を運んできた捜査員とは気がつかない。それでも一人だけ「日本人ですか」と聞いてきた記者がいたが、「オー、ノー」とか言ったら、すぐに去って行ってしまった。田山課長は大柄《おおがら》で、派手な背広にサングラスを掛ければ国籍不明の怪《あや》しげな人物に見える。水野事務官は背が高く、「ジャイアント水野」のあだ名がついているほどで、しかも色が黒い。これにちょびひげを付ければ、どう見ても日本人には見えない。こうして二人は堂々と報道陣の囲みを抜け、東京地検に資料を運び込んだ。

堀田検事の活躍

検察官は、一定の条件の下に第一回公判期日前でも関係者の証人尋問の請求ができるとの刑事訴訟法の規定に基づいて、特捜部では東京地方裁判所裁判官にコーチャンおよびクラッターの証人尋問を請求した。二人は、召喚《しょうかん》の効力を徹底的に争ったが、結局は予定どおり嘱託《しょくたく》証人尋問が実施された。この間の経過は、新聞等で詳しく報道されている。

コーチャンとクラッターの二人に対する証人尋問には、アメリカ側主任のクラーク検事を補佐する形で堀田検事も立ち会い、自ら補充尋問をした。後にロッキード事件の金銭授受に関する最大の重要証拠と呼ばれた「クラッターの摘要《てきよう》」、すなわちクラッターがアメリカのロッキード社からいついくらの送金を受領して、それをどこにいついくら支払ったかを示す簿外《ぼがい》の金銭出納《すいとう》メモの存在をクラッターに証言させ、それを法廷に提出させたのは、堀田検事による巧《たく》みな尋問の結果であった。

「ミスター・クラッター、あなたのような几帳面《きちょうめん》で優秀な人が、このプロジェクトのために受け取ったり支払ったりした特別の資金の出入りや支払先などについてキチンとした記録を残しておかないはずはないでしょう」

堀田検事の発問に対して、クラッターは背広《せびろ》の内ポケットから四枚綴《つづ》りの手書きのメモを出した。それがこの「クラッターの摘要」だった、と堀田検事から聞いている。新聞には出ていない内輪《うちわ》話である。

田中角栄に対する五億円供与の事実も、このメモの記載からはっきりと浮かび上がってくるのである。

「明日、田中を逮捕する」

「セミの鳴くころまでに」とは、川島特捜部長の言葉だった。マスコミからロッキード事件の捜査の見通しなどを問われて、そのころまでにはけりをつけたいという意味のようであったが、セミにも五月には鳴き始めるニイニイゼミもあれば、ツクツクボウシのように八月末ごろから鳴き始めるセミもいる。それで、セミといっても何のセミだなどとマスコミでは騒いでいたが、川島部長は「口なしのコーチャン」（名前が興《こう》なので）といわれるほど口が固く、マスコミ泣かせで有名だった。その部長がセミの鳴くまでと言ったということは、幹部としてこの事件の結末にかなり自信を深めているな、というのが部内のもっぱらの見方であったように思う。しかし、鵜飼の鵜にはどこまでどうなっているのか、全体像はさっぱり見えてこなかった。

七月二十六日夕方、吉永副部長から連絡があり、午後七時に五階の某室に集まるようにとのこと。

時間どおり某室へ行くと、何人かの検事が集まっていた。窓にはシャッターが下りていた。みな神妙な顔をして黙っていた。

かなり時間が経ってから吉永副部長が入ってきた。「みんないるか」と言って一同を見渡したあと、普段と変わらない、岡山なまりのだみ声で言った。

「明日、田中角栄を逮捕する。これからメモを配る。各自そのメモのとおりやってもらいたい。細かいことは、各班でよく詰めておくように」

そう言うと、さっさと出ていった。

私に渡されたメモを見ると、「小林検事と共に平河町・砂防会館の田中角栄事務所、越山会事務所等の捜索差押」とある。田中の本陣だ！　いよいよ来るべきものが来たな、と緊張した。

それにしてもありがたい。私は、それまで全国各地で大小さまざまな捜索の現場を数多く踏んできた。幹部は、その経験を買って、先輩の小林幹男検事と私の二人に田中の本陣を任せてくれたのだろう。小林検事は「君に任せる」と言った。これは検事冥利《みょうり》に尽《つ》きる。

越山会に乗り込む

その日の予定は、身柄《みがら》班が夜明けを待って文京区目白台の田中邸へ行き、田中に任意同行を求めて東京地検に出頭させ、弁明を聴いた後、逮捕状を執行する、捜索班は午前八時までに各持ち場付近に集合し、トランシーバーで田中逮捕の連絡を受けた後、時を移さず捜索に着手する、というものであった。

昭和五十一年七月二十七日朝、我々田中・越山会事務所等捜索班は、三々五々平河町の砂防会館に近い赤坂プリンスホテル角の集合場所に急いだ。総勢二十五、六人。午前八時には全員集合した。一ヵ所に固まっていると目立つので、その辺を行ったり、来たりしていた。連絡はなかなか来なかった。ジリジリしながら待っていると、午前九時過ぎ、「田中を逮捕した、直ちに捜索に着手せよ」の連絡が入った。

砂防会館の入口には、左右に数人のカメラマンがいたが、連夜の疲れからか、みな、しゃがみ込んで、写真機材を脇《わき》に置き、ひざを抱えるようにして突《つ》っ伏《ぷ》していた。シメシメと思いながら、その前を通り過ぎて、玄関へ入った。こうしてカメラのフラッシュを浴びることなく、三階にあった田中事務所に入ることができた。

この事務所には、越山会のほか田中の後援会や政治団体の事務所が同居しており、入口にはそうした団体名を示す表示板が何枚も下がっていた。

事務所には、政務・政策担当秘書の早坂茂三《はやさかしげぞう》氏がおられた。

早坂氏は、少しも動揺した態度は見せず、物静かに対応された。捜索差押令状を読み上げて手渡すと、早坂氏はゆっくりと目を通していたが、

「わかりました。ただ、この令状には部屋が一ヵ所抜けています。それ以外の部屋でしたら結構です」

と言った。

早坂氏の案内で令状と照合《しょうごう》しながら事務所内を見て回ると、確かに一部屋抜けている。それは田中の個室か、その次の間だったかと思うが、記憶は定《さだ》かでない。私は、捜索員にその部屋への入室を禁止し、他の場所の捜索から始めるよう命じた。それから特捜部へ電話をかけ、令状から漏《も》れている部屋を指摘し、早急《さっきゅう》にその部屋の捜索令状をとるよう要請した。

私は、千葉地検時代、金融会社の大きなビルを捜索したことがある。その現場で、大量の米ドル紙幣を発見した。当時としては外為法違反の容疑がある。しかし、捜索差押令状には対象物件として外国紙幣などの記載がなく、立会人は任意提出を拒《こば》んだ。そこで、直ちに地検に連絡して総括班に米ドル紙幣を発見したこと、それが所定の手続きを経ないで持ち込まれた容疑があることなどを説明し、この説明内容をすぐ電話聴取書に作成して千葉簡易裁判所裁判官から令状を取るよう指示した。やがて届いた令状でこの米ドル紙幣を押収《おうしゅう》した。この手法をここで使った。

特捜部では、私からの電話聴取書を疎明《そめい》資料にしてすぐ令状請求の手続きをとった。ただ、その令状が届いたのは午後三時過ぎになってからで、そのため全部の捜索差押処分が完了したのは夕方、それもかなり暗くなってからであった。

私は、広い会議室の捜索の最中、田中の座る立派な椅子《いす》に座ってみた。重厚《じゅうこう》なテーブルがコの字型に並んでいる。この宰相《さいしょう》の椅子で、今太閤《いまたいこう》といわれた田中は何を思い、何を同志に語っていたのであろうか。そして今、東京地検の取調室か、東京拘置所に入ったであろう田中は、何を考えているのだろうか、と思った。

砂防会館を出るとき、トラブルが起こった。

証拠品運搬用の大型ワゴン車は会館の裏口へ停《と》めておいて、事務官がダンボールに詰めた証拠品をワゴン車へ次々に運び入れた。私が早坂氏に挨拶《あいさつ》して事務所を後にし、ワゴン車に乗り込もうとした時だった。カメラマンがどっと私を取り囲み、「検事が証拠品を車に運び入れようとしている場面を写真に撮らせてくれ」という。証拠品はすでに積みおえている。「そんなことはできない」と突っぱねた。撮らせろ、撮らせないで殺気《さっき》だった場面になった。

検事はメンを取られてはいけない、というのが先輩からの教えである。顔を知られてはならない、つまり黒衣《くろご》に徹しろということである。そんな場面がテレビや新聞などで報道されたら、たちまちメンが割れてしまい、今後の捜査に差し支《つか》えることになる（最近では特捜部の捜査官が堂々と捜索現場に入っていく姿がテレビに放映されるが、どうも違和感を覚えてならない）。

しかし、朝、まんまと検事一行に出し抜かれたカメラマンにしたら、せめて引き揚げる場面ぐらい撮りたい、撮らなければおめおめと社に帰れないというのだろう。胸ぐらを取らんばかりにして詰め寄ってくる。車の回りを囲んでいるので、車も出せない。

相手の立場も分からないわけではない。仕方がない。車からダンボール箱二、三個出してカートに積み、事務官が押すカートに手を添《そ》えて車に向かう場面を撮らせた。つまり、ヤラセである。こうしてやっと解放され、東京地検に引き揚げてきた。

その日の捜索場所は多く、まだ帰ってきていない捜索班もかなりあった。全員がそろったのは、午後十時を回ってからだったと思う。みな疲れ切っていた。冷や酒とスルメでささやかな打ち上げをしたあと、散会した。

なお、この日の捜索を含め、ロッキード事件で捜索した箇所は国内だけで百三十六ヵ所、押収した証拠品は約六万六〇〇〇点に上った。

元首相の落日

身柄班の松田昇検事（現在預金保険機構理事長）と二人の事務官が、早朝、目白の田中邸に行って田中に任意同行を求めた。田中は素直に応じた。以下は、後から聞いた話である。

田中は、意外な展開に動揺したのか、車の中で煙草を吸おうとマッチを擦《す》ったが、手が震えて煙草に火がつけられず、何回も失敗した。東京地検に着いたとき、入口にカメラマンが張っていたが、まだ田中任意同行の情報が伝わっていなかったため、車の中の田中を見てアレッと初めて事態を知り、あわててカメラを構えたものの、時すでに遅く、田中の姿は待ち構えていた守衛《しゅえい》に取り囲まれて庁内にさっと消えてしまった。

さて、田中に対する逮捕状が執行され、これから小菅の東京拘置所に向けて出発するというとき、高瀬禮二検事正が担当副部長の部屋までやって来て、「田中さん、これから環境が変わりますから、お体には十分気をつけてください」と声をかけた。

高瀬検事正が後に語ったことによると、普通こういうことは発表しないのだが、ある新聞が「おい、田中」と、高瀬検事正が高飛車《たかびしゃ》に呼び捨てにしたように書いてあり、それは事実と違うので、記者会見の席上、その担当記者に「どういう根拠でそういう記事を書いたのか」と尋ねた。その記者は、実は憶測《おくそく》で書いた、と全員の前で認めたという。そういう間違った情報が独り歩きをすると困る、それでは皆さんにそのときの私の言葉をはっきりと申し上げる、ということで説明したということであった。

高瀬検事正は、礼儀正しく、物静かで、内外の信望も厚い温厚《おんこう》な紳士である。田中逮捕という日本中が注目している重大事件の報道で、単なる憶測による記事がどれほど大きな影響を与えるか。事実を述べてきちんと訂正《ていせい》したのは当然のことで、各紙はこの高瀬検事正の発表をその言葉どおり一斉《いっせい》に掲載した。

田中逮捕については、事前に法務省の刑事局長から稲葉修法務大臣に連絡し、了承を得ている。その際、逮捕まで内密《ないみつ》に、ということも併《あわ》せてお願いし、了承を受けている。

稲葉氏は、魚釣りの名人で、このとき新潟の川で釣りをしていた。刑事局長はその稲葉氏とつなぎをとって了承を迫ったと聞いている。稲葉氏は、約束どおり誰にも言わなかった。田中側からは責められたことだろう。後で新聞記者からもずいぶん突っ込まれたらしいが、稲葉氏は「オレはそのころ新潟の川で釣りをしていた」とだけ言って、あとは何を聞いてものらりくらり答えていたようだ。いい時にいい法務大臣がおられた。

昭和五十一年二月中旬に悲壮な決意で始まったロッキード事件の捜査は、七月下旬までの約五ヶ月余りで一応の区切りがついた。しかし、その後も補充捜査が続けられ、全部の処理が終わったのは、翌五十二年一月であった。

起訴された被告人は、田中角栄以下十六人に及んだ。

公判始まる

起訴が全部終了した後は、検察官は冒頭陳述書の作成に没頭し、被告人・弁護人側では答弁と公判対策に専念することになった。

私は、田中事務所捜索後、引き続き捜査に従事した。当時の日記を出してみたら、「その後丸紅や全日空の幹部、銀行員などを調べた」と書いてある。裁判所が丁度《ちょうど》夏休みになっていたので、まとまった時間が取れ、捜査に専従できたものと思う。しかし、九月に入ってからは、本来の脱税事件の公判担当に戻った。

翌昭和五十二年（一九七七年）三月三十一日、私が判決言渡しだけ立ち会ってくれと言われて法廷に立ち会った殖産住宅相互株式会社の社長東郷民安《とうごうたみやす》に対する所得税法違反事件が無罪となった。脱税額約二九億二二三〇万円。所得税法違反としては、日本の犯罪史上最大の事件である。前任の検事が三月二十五日付けで異動し、後任の検事がまだ着任していない間隙《かんげき》を突いたような無罪であった。

有罪は間違いないという引継ぎだったから、記録は全く読んでいない。千葉大チフス菌事件の場合は、ずっと立ち会ってきた上での無罪だったので、すぐに対策を立てることができた。しかし、東郷事件は予備知識も何もない。これには参った。さりとて前任の検事を呼び戻して処理させることも組織上できない。

結局、判決に立ち会ったのが運の尽きで、私が控訴審議の資料を作り、高検の審査を受け、控訴趣意書を作成する羽目《はめ》になった。完成までに約五ヵ月かかったが、苦しい作業だった。

この事件は所得の帰属が争われた事件で、検察側は東郷個人の所得だと主張したのに対し、弁護側は殖産住宅という法人に帰属すると主張して争った。一審判決は弁護側の主張に軍配を上げたのであるが、到底承服《しょうふく》できない判決内容であった。私は、東京国税局査察部の応援を得て、それまで所得の帰属が争われた事件を全部洗い出した。そして検討に検討を重ね、この控訴趣意書の中で、所得の帰属を決する基準を立てた。その基準が控訴審で容《い》れられ、東京高裁で有罪を勝ち取り、最高裁も弁護側の上告を棄却《ききゃく》して有罪が確定した。後日談だが、この所得の帰属を決する基準がその後東京国税局をはじめ全国の国税局での処理基準になって活用されているということであり、苦労した甲斐があったと喜んでいる。

少し横道にそれた。

この控訴趣意書が完成したのが九月の初めであった。夏休みも何もあったものではなかった。そのころ、函館に出張しなければならない事件があった。経費節減から出張はやかましかった。たぶん函館地検に捜査嘱託しろと言われるだろうと思ったが、駄目で元々と思い、出張したいと申し出たら、何とあっさり認めてくれ、拍子《ひょうし》抜けした。狐《きつね》につままれたような気持ちで三泊四日の函館出張を終えて帰ってきた。

すると翌日、川島特捜部長から呼び出しがあった。

よし、転勤だ、これで特捜部は卒業。今度はどこかな、などと勝手に考えながら部長室のドアをノックした。部屋には川島部長のほかに吉永副部長がいる。変だな、異動の内示《ないじ》のときは部長一人でいいはずなのに、と思っていると、「まあ座れよ」と言う。なぜか二人ともニコニコしている。普段ほとんど笑うことのない二人がニコニコしているので、何か薄気味が悪い。

吉永副部長が言った。

「部長とも相談したんだが、清水君にはこの十月からロッキード事件の公判に専従してもらうことにした。あまり時間はないが、いま担当している事件の引継ぎをきちんとして、しっかりやってくれ」

ああ、函館出張がいやに簡単に通ったのはこれだったんだな。しかし、しんどいことになった。東郷事件のヤマを乗り越え、やっと一息入れられるかと思ったのに、今度はロッキード事件の公判に専従とは！　仕方がない。

「分かりました。未熟ですが、粉骨砕身《ふんこつさいしん》努力します」

「いいや、君ね。粉骨ぐらいで結構だよ」

部長、副部長も大笑いし、こうして長いロッキード事件公判に専従することになった。

当時は、いよいよロッキード事件の全公判が本格化しはじめ、①丸紅ルート、②全日空ルート、③児玉ルート、④小佐野ルートに分かれた審理が急ピッチで進められることになったのである。

Ｌ班結成

こうした審理の状況を受けて、特捜部内に新たなロッキード事件公判専従班が設けられた。全陣容の整備には翌五十三年二月ごろまでかかったように思うが、固まった陣容は次のとおりである。

班長　小林幹男（現在公証人）

①丸紅ルート（田中角栄を含む）

堀田　力（法務大臣官房長で退官後、現在弁護士・さわやか福祉財団理事長）

土屋《つちや》　守《まもる》（静岡地検検事正で退官後、現在公証人）

髙野利雄《たかのとしお》（現在東京高検次席検事）

②全日空ルート（橋本登美三郎、佐藤孝行を含む）

北島敬介《きたじまけいすけ》（現在検事総長）

堤《つつみ》　守生《もりお》（宮崎地検検事正で退官後、現在公証人）

池田茂穂（現在盛岡地検検事正）

③児玉ルート

清水勇男（浦和地検検事正で退官後、現在公証人）

④小佐野ルート

丸山利明《まるやまとしあき》（東京高検検事で退官後、現在弁護士）

このほかに落としてはならない重要人物がいる。松尾邦弘検事（現在法務省刑事局長）である。

松尾検事は、ロッキード事件が発覚した直後の昭和五十一年（一九七六年）三月に長野地検から転勤してきて直ちにロッキード事件の捜査班に組み込まれ、以来ずっとこの事件の捜査に没頭し、公判が始まるや引き続いて公判立会検事となった。沈着冷静で、辛抱《しんぼう》強く、じっくり相手の話を聞いて心を開かせ、真実の自供を引き出す能力は、当時の特捜部の中で群を抜いていた。

ロッキード事件の公判では、初め小林、堀田、松尾の三検事が法廷に立ち会っていた。

そのうち忙しくなり、とても三人では対応できないというので、順次補充され、右のような構成になったのである。松尾検事は、やがて特捜部の別の大きな事件の捜査に入ることになって、ロッキード班を抜け、その後、法務省刑事局付検事になり特捜部を離れた。池田検事が「特捜部ピカ一の実力派検事を本省にもっていくとは、上は一体何を考えているのか」と激怒していたことを思い出す。

松尾検事は、昭和五十五年（一九八〇年）七月から三年近くドイツの日本国大使館一等書記官として赴任《ふにん》し、帰国後は本省中心に異動している。困難な仕事を文句も言わず、黙々《もくもく》と辛抱強くこなしていく姿は頼もしい限りだが、本人は、或《ある》いはもっと捜査をやりたかったと内心では考えているのではなかろうかと、私にはそんな気がしてならない。

さて、右のように一応担当が決まったものの、もともとはロッキード社から出た金がこの四ルートに分かれて入ってきたということで、相互に密接な関連があり、一ルートが崩れれば他のルートも総崩れになるという関係にある。そうなると、自分のルートの公判だけ立ち会っていればいいというものではない。本来は全員が全ルートに立ち会えばいいのだが、忙しくて、そうもいかない。そこで、自分の担当ルートに深い関係がある他ルートの公判には、みな出るようにしていた。私も全ルートに何回も立ち会った。

ちょっと話はそれるが、小佐野ルートに立ち会っていたとき、休廷となって、日比谷公園を見下ろす旧庁舎の法廷脇の廊下で休憩中、小佐野と二人で雑談したことがある。

小佐野は心臓が悪く、携帯用の酸素吸入器を法廷まで携行《けいこう》してきていた。話好きの、陽気な人で、「自分は毎日利息だけでも数百万円入るが、使い途《みち》がない、酒も飲めないし、うまい物も食えない、毎日塩気も油気もない物しか食えない、女もだめだ、生きている楽しみというものがない」などとぼやいていたが、「ところで君はどうせ安月給だろう、いい株を教えてやる」と声をひそめ、ある株の銘柄《めいがら》を言った。貯金がなければ借金してでも買っとけ、そのうち大化けに化ける、このオレが言うんだから間違いない、と言った。そのうち廷吏《ていり》が呼びにきたので、話はそれで終わった。

まさか被告人に教わって株を買ったでは締まらない。情報提供も賄賂《わいろ》の一種となるわけだから、そんな話に乗るわけにはいかないが、それにしても面白い人物だなと、小佐野に対して少し好感を持ったことは告白しておかなければならない。

ロッキード事件の背景

ロッキード事件とはどういう事件だったのか。ここで事件の背景とあらすじだけを簡単に説明しておきたい。

昭和四十年代に入ってから、飛行機を利用する旅客が世界的に急増した。

それまでは、座席数一一〇からせいぜい二三〇程度の旅客機が世界の空を飛んでいたのだが、その程度の旅客機では、こうした需要の急増には追いつけない。このためボーイング社では座席数四五〇前後のジャンボ級B—747型機の開発に着手し、続いてダグラス社も座席数三五〇前後のDC—10型機の開発に着手した。

ロッキード社も後れじと座席数同じく三五〇前後のL—1011型機トライスターの開発に

着手《ちゃくしゅ》したのだが、先行の二社に後れをとった。ロッキード社はそもそも軍用機の専門メーカーで、ジェット旅客機を製造したことがない。しかも、巨額の開発費をつぎ込んでアメリカ陸軍のため開発した武装ヘリコプターに欠陥《けっかん》があるとして契約を破棄され、財政的に苦境に陥《おちい》った。トライスターにはイギリスのロールスロイス社のエンジンを搭載《とうさい》するのだが、そのロールスロイス社も経営に行き詰まり、トライスター用エンジンの開発に遅れを来してしまった。

こうした苦難を乗り越え、膨大な開発費をつぎ込んで開発したトライスターの売込みに失敗したら、ロッキード社はもはや破綻《はたん》するしかない。深刻な危機感に駆られたコーチャン社長（当時）は、トライスターの受注獲得に社運を賭《か》けて取り組むことになった。

ジェット旅客機はすべて受注生産で、受注から引渡しまでに平均約一年半かかる。その受注戦略は、アメリカ国内では他のメーカーと互角の成果を収めたものの、ヨーロッパでは次々と敗れた。こうして、少なくとも二十機以上、金額にして四億ドル（約一二〇〇億円）以上の需要が見込まれるアジア最大の市場・日本に照準を定めることになった。つまり日本の航空会社に対する売込みに成功するかどうかがロッキード社にとって正に死活《しかつ》問題となったのである。

日本側の事情

コーチャンとしては、F104型ジェット戦闘機などの軍用機販売の代理店としては丸紅を使ってきたが、社運をかけたトライスターの販売代理店として、丸紅では力量不足ではないのか。それを自分の目で確かめるため、昭和四十三年（一九六八年）五月ごろ来日し、丸紅の檜山広社長と会談した。

コーチャンは、丸紅以外の商社を代理店に選ぶ可能性もある、と示唆した。檜山としては、一機約二〇〇〇万ドル（約六〇億円）の商談であり、その代理店として受け取るマージンの巨額さもさることながら、これまで軍用機売込みの代理店として実績を挙げてきたのに、こと旅客機の売込みに関して代理店の地位を奪われることは、丸紅の商社としての面子《メンツ》にかかわる屈《くっ》辱《じょく》的なことで、到底容認できない。そこで檜山は、トライスターの売込みに全社一丸となってあらゆる努力を傾注することを確約し、コーチャンもこれを受け入れて、同年十月一日、丸紅をトライスターの日本における販売総代理店とする代理店契約が締結《ていけつ》されるに至った。

昭和四十年代に入り、日本でも高度経済成長の影響によって空の旅の需要は急上昇し、昭和四十二年以降は、航空旅客数が毎年三〇ないし四〇％も増加する状況となった。思い出すことがある。

私は、昭和三十九年（一九六四年）四月、新任検事として札幌に赴任したのだが、妻と二人、上野駅発東北本線の列車に乗り、青森から青函連絡船で函館に渡った。朝もやの函館港に着くと、カモメが騒々《そうぞう》しく鳴きながら船の回りを飛び回っていた。宅配便もないころだったから、二人でボストンバッグと土産を入れた紙袋を両手いっぱいに下げ、強い寒風の中、桟橋《さんばし》を渡った。金もないので、土産には安くて見栄えのあるものをとあれこれ考えた末、浅草名物の雷おこしを十箱以上も買いこんで行ったのだが、これは失敗だった。軽くて、かさがあるため、強風に持っていかれそうになる。「おい、大丈夫か」などと妻に声をかけながら、桟橋をヨタヨタ歩いた。函館からは室蘭本線の列車に乗り、上野から二十数時間もかかって札幌に着いた。

しかし、三年半後の昭和四十二年八月、釧路から京都に転勤するときには、札幌までは列車で行ったが、札幌からは千歳発の飛行機で羽田まで飛んだ。たしか、DC—8型機だった。そのころから次第に国内でも遠距離は飛行機が主流になっていったと思う。そんな時代に居合わせたのだなぁと、今にして実感する。

さて、運輸省は、国内幹線に大型ジェット旅客機導入の方針を固め、その時期を当初昭和四十七年度としたが、その後四十八年度に延期した。日本航空と全日空では、政府のこの方針を受けて機種選定作業に入った。

そのころ、日米間では難問が持ち上がっていた。貿易不均衡の問題である。

昭和四十七年度の日本の対米貿易収支の黒字幅が約三五億ドル（約一兆五〇〇〇億円）に達し、これを減らすためにはアメリカからの緊急輸入が重要ということで、政府は農産物やウランなどのほかに大型ジェット旅客機を導入することが当面最も効果的との判断に達し、同年九月一日にハワイで行われた田中・ニクソン会談では、田中がニクソンに対し日本では大型旅客機十機以上を緊急輸入する用意があると言明した。

こうして日本では、大型ジェット旅客機導入の計画が現実のものとなり、アメリカの航空機メーカーにとっては、自社製品を日本の航空会社に大量に売り込む千載一遇《せんざいいちぐう》の好機が訪れることになった。これが本件一連の事件の背景事情であった。

真相は藪の中

ロッキード社としては、東亜国内航空（日本エアシステムの前身）はまだ大型ジェット旅客機を必要とする状況にないと判断し、日航と全日空を売込み対象としたが、児玉からの情報などにより、日航はボーイング社のジャンボ機の導入に傾いていること、もともと日航はダグラス・ファミリーで、ロールスロイス社製のエンジンにはなじみがなく、それを搭載したトライスターを採用することには乗員に抵抗があることなどを知らされた。こうして日航はあきらめ、ロールスロイス社のエンジンを搭載したＹＳ11型機の運航でこのエンジンになじみがあり、まだ当分の間ジャンボ機の需要までは見込めない全日空一本に売込み対象を絞《しぼ》った。

ロッキード社にとって最大のライバルは、同じエアバス級のDC—10型機を全日空に売り込もうと必死になっているダグラス社であった。

丸紅の檜山社長としては、田中角栄に対しロッキード社の負担において多額の現金を贈る約束をし、田中に総理大臣としての権限に基づいて運輸大臣に対し全日空にトライスターを選定するよう行政指導させることが最大・最高の戦略だと決意し、腹心《ふくしん》の専務取締役大久保利春、常務取締役の伊藤宏の二人に打ち明けて協力を求め、その後は檜山の描いた筋書《すじがき》どおり展開した。こうして田中に対する合計五億円の供与を中心に、トライスターの売込みなどをめぐる巨額な現金の供与、国会で宣誓しながら事実を否定するなどの虚偽《きょぎ》の証言、貿易関係法令に違反する現金の授受などが刑事責任に問われた。それがロッキード事件の構図である。

しかし、公判では田中をはじめ、ほとんどの被告人が徹底的に否認し、大弁護団が結成されて徹底的に争うなど、一時は黒白不明とも受け取られるような展開となった。

巨悪を暴く男たち

ロッキード班のことを、部内ではL班とかロ班とか呼んでいた。

Ｌ班の部屋は、東京地検の旧庁舎（現在弁護士会館と東京家庭裁判所が建っている付近）の五階にあり、眼下《がんか》には日比谷公園が広がっていて、その向こうに帝国ホテルがそびえ立っている。

ロッキード事件は、前にも述べたように、コツコツ積み上げていって一気に攻勢に出るという特捜部の本来の捜査手法とは異なり、短期決戦でまとめ上げたものだから、起訴後も綿々《めんめん》と裏付け捜査が続けられていた。

各ルートの被告人で起訴事実を認めた者はなく、ほとんどが徹底抗戦の構えで、各弁護団からも分厚い反論書が出されていた。Ｌ班は、公判準備と補充捜査という二兎《にと》を追わなければならず、土・日は返上、夜も十時前に帰宅することは稀《まれ》だった。霞が関界隈《かいわい》の食べ物屋は、日・祭日は開店していないので、昼と夜の弁当を持って出勤していた。

班長の小林検事だけは部長室に近い部屋に入っていたが、班員は離れた一角に並んでいる部屋に、一人か二人ずつ入っていた。各部屋とも、廊下に接する出入口の外に、各部屋に通じる内扉《うちとびら》があって、一々廊下に出なくても行き来ができるような構造になっていた。この、壁の穴のような内扉を開けて班員が自由に往来し、議論したり、時には一部屋に集って酒を飲んだりしていた。

堀田検事と北島検事は同期（十三期・一九六一年任官）で、大学は京大、東大と違っていたが、司法試験の口述試験のときに待合室で口をきいたのが出会いとかで、司法研修所も同じクラス、新任も札幌で一緒という縁で結ばれていた。二人はとりわけ仲がよく、お互いを一番頼りにしていたように思う。

いつだったか、堀田検事が、

「北島君は、大事な口述試験の日だというのに酒を飲んできていたんだよ。オレは東大で柔道やってたんだ、なんて試験に関係ないことをしゃべっている。変な奴だなって思ったよ」

と笑っていたことがある。

二人とも副部長に任命されていたのだが、単なる処遇上のポストと割り切り、副部長風を吹かすようなことは全然なかった。一番下は二十二期（一九七〇年任官）の池田検事、その上は二十期（一九六八年任官）の髙野検事だったが、議論で一番大きい声でまくし立てるのはこの二人で、激してくると手に負えず、北島検事が「まあ、二人ともそう言うけどなあ、お前……」などと、長い手を上下させながら押さえにかかっても、「キタさん、ちょっと黙っててくださいよ」などと納得せず、延々《えんえん》と続いた。

こうして期や年齢が離れていても、対等で遠慮会釈《えしゃく》なく議論し合えるということは、千葉大チフス菌事件の第一審公判で黙々と孤独の戦いを強いられてきた私にとっては、目の覚めるような新鮮な世界で、忙しくても毎日が活き活きと楽しかった。

私は、土屋検事と同じ部屋で、机を並べて仕事をしていたのだが、夜が更けてくると、

「一息入れたら、どうですか」

と、水を向けてくる。

「あと、もう少ししてから……」

「体に毒ですよ」

「ええ、まあ……」

「注《つ》ぐだけ注いでおきますから」

どこかに忍ばせておいた一升瓶《いっしょうびん》を出してきて、私の机の端《はし》にコップを置き、トクトクトクと酒を注ぐ。自分のコップにも注ぐ。うまそうに喉を鳴らす音が聞こえる。

記録に目を通しながらも、ついコップに手が伸びる。ちょっと口をつける。減ると黙って注ぎ足してくれる。また手が伸びる。少しずつピッチが早くなる。そのうち、「ま、今日はこれでいいか」という気分になる。その気持を察したかのように柿のタネなどつまみが出てくる。

「明日という日がないわけじゃありませんよ」

「それもそうですねぇ」

そのうち壁の穴から一人、また一人と入ってくる。だんだん盛り上がってくる。

「キタさんと堀田さんも呼んでこいよ」

と誰がが言う。

このころには、大分出来上がっている。

北島検事が入ってくる。

「なんだ、またやっているのか。しょうがねえなあ」

つづいて堀田検事も……。

新しく一升瓶の栓《せん》が抜かれる。ガヤガヤと議論が始まる。十一時を回る。

「もう、この辺で終わりにしよう」

ようやく堀田さんの声でお開きになる。

吉永副部長は、当時はあまり酒を飲まなかったが、石黒副部長は酒が強く、伊豆七島の、たしか新島だったと思うが、その島特産の焼酎「情島《なさけじま》」というのを何ケースも一度に取り寄せておいて、部屋に隠していた。石黒副部長も、よく顔を出し、酒が無くなると「あれ、持ってこいよ」と言う。そこで私が石黒副部長の部屋に取りにいくことになるのだが、「情島」には原料が米のものと、芋のものとの二種類があり、私は必ず米で作った上等の方を二、三本まとめて持ってきた。

くさや事件

特捜部のいいところの一つは、朝何時に出てこようと、夜酒を飲んでいようと、一切文句を言わないところにあった。きちんと仕事をしていればそれでいいのである。しかし、一度だけ吉永副部長が飛び込んできたことがあった。

その晩は、仕事をしていると、くさやを焼く匂いがしてきた。どこかの部屋でくさやを焼き、一杯やっているらしい。酒には、くさやもいいなあ、などと思っていると、しばらくして、ドアがバタンと開き、吉永副部長がずかずかと入ってきた。そして、あたりをキョロキョロと見回したかと思うと、「何だ、君たちの部屋じゃないのか」と拍子抜けしたような声を上げて、出ていった。

その日は、土屋検事も私も翌日の公判準備で仕事に熱中し、黙って机に向かっていた。酒など飲んでいる暇はなかった。後で聞いた話だが、その晩は階下の部屋で一杯やっており、電気コンロでくさやを焼いている匂いが階段を伝わってきて七階の検事総長の部屋に達し、総長か、その周辺から文句が出て、吉永副部長に連絡がいった。副部長は、（どうせそんなことをしているのは土屋と清水の部屋だろう）と思い込んで二人の部屋に飛び込んできたものらしい。

「さすがの吉永さんも、スジを読み違えたねぇ」

と、土屋検事と笑って、早速祝盃となった。

当時、私は自転車で通っていた。霞が関から銀座を抜け、永代橋を渡って深川に入り、越中島の官舎へ帰る。競輪の選手が乗るような、ハンドルの極端に低い、スポーツタイプの自転車で、「快速はやぶさ号」と名付けていた。

ある晩、微酔《ほろよい》で鼻唄まじりにはやぶさ号を走らせていたら、追い抜いていった大型トラックに接触されたか、あおりをくらったかして、はじき飛ばされ、歩道を飛び越えて、皇居のお濠《ほり》の芝生に投げ出された。したたか腰と背中を打って起き上がれず、しばらくじっとしていて、はやぶさ号を引きずって帰宅すると、泥だらけの姿にびっくりした妻が、

「どうしたの、あれ、背広が擦《す》り切れているじゃぁありませんか。新調したばっかりなのに！」

「バカ、おれの体より背広の方が大切なのか！」

この話が大げさに伝わり、清水君は酔っぱらって自転車に乗って帰る途中、トラックにはねられて、皇居のお濠に落っこちた、という噂が立った。石黒副部長か、吉永副部長だったかに呼ばれ、

「きみ、たとえ尾ひれがついた話にしてもだ。ロッキード事件をやっている検事が酒に酔って皇居のお濠に落っこちたなんて話がブンヤの耳に入ったらどうするんだ」

「ハイ……」

「気をつけてもらわなけりゃ困る！」

その後、遅くなったらタクシーで帰れということになり、タクシー券を出してもらえるようになったが、申請手続きが面倒くさいので、ほとんど利用しなかった。

廊下トンビ

検察には、「廊下トンビ」という言葉がある。

検察官の個室は、長屋のように並んでいるのが普通の形態である。分からないことがあると、知っていそうな検事の部屋へ行って聞く。その検事が分からないと、次の部屋、そしてまた次の部屋と渡り歩いて必要な知識を仕入れる。それでも分からなければ仕方がない、副部長、部長のところへ行く。こうして検察官の部屋を叩いて渡り歩くことを「廊下トンビ」という。このトンビができるかできないかで能率はずいぶん違ってくる。

今年（一九九八年）、ある新任検事祝賀会で「はなむけの言葉を」と求められ、「みなさんは、まず、トンビになりなさい」と言ったら、みんな怪訝《けげん》な顔をしたが、訳を話すと、深くうなずく人が多かった。一人ひとりの能力には限りがある。短時間で、あまり労力《ろうりょく》をかけずに正確な知識（情報）を掌中《しょうちゅう》に収めるには廊下トンビになるしかない。

ロッキード事件の嘱託証人尋問調書や外国関係証拠に関しては、何から何まで堀田検事に聞いていた。堀田検事の頭の中には、大小さまざまな引出しが整然と並んでいて、どの引出しに何が入っているかをすべて記憶しており、それを立ちどころに取り出して、丁寧に教えてくれる。いくら忙しくてもいやな顔ひとつせず、分かりやすく教えてくれる。世の中には凄い人物もいるもんだと、つくづく感心していたら、その堀田さんが十二指腸潰瘍《かいよう》になって、湯島の病院に密かに入院した。堀田さんに戦線離脱されたら今後大変なことになる。北島検事を先頭にL班のみんなでお見舞いに行った。手術の経過もよく、元気な様子なのでほっとした。

これは堀田検事が退職された後で知ったことだが、ベストセラーになった堀田力著『否認』の構想は、この入院中にまとめ、草稿《そうこう》もほとんど書き上げていたというのだ。心配して損をした。

さて、廊下トンビで堀田検事に質問ぜめしていたころ、ロッキード本社と東京支社との往復書簡《しょかん》で児玉ルートの立証に必要な文書が見つかり、いくら図々《ずうずう》しくても全部翻訳してくださいとも言いにくく、家に持ち帰り、辞書を引きながら翻訳していたのだが、帝国ホテルだったか、別の一流ホテルだったか、そのホテルのスイートルームでAとBが会って打合せをしたというくだりが出てくる。このスイートルームという言葉は、私の持っていた辞書にはなく、意味が不明で、どう翻訳したらいいか分からない。妻に、

「おい、スイートルームって、何だろ？」

「それは甘いお部屋ということよ」

「え？」

「あまい、あま〜いお部屋のことよ」

「バカ、何か勘違いしているんじゃないか、お前は」

スペルは、suite room で、sweet room ではない。

妻には、よくはぐらかされた。

もう、かなり昔のことだが、お決まりの夫婦喧嘩《げんか》をして、お決まりの文句を言った。

「誰がいったい家族みんなを食わせていると思っているんだ！」

「私です」

「ム……？」

「だって、毎日お米をといで、お味噌汁を作って、おかずをこしらえて、みんなを食べさせているのは私じゃないですか」

「そういうことじゃない。誰のお陰《かげ》で食べているのかということだ！」

「私のお陰ですよ。私が買い物に行き、お洗濯、お掃除をし、お食事を作り、それであなたも子供たちも生活しているんじゃありませんか」

「じゃあ、オレは一体何なのだ」

「あなたは鳥類よ」

「え……」

「月給トリというトリの仲間よ。夜だけねぐらに帰ってきて、朝になると飛んでいってしまう。土曜も日曜も居やしない」

こういう、ひょうたんなまずを相手にしていたら日が暮れてしまう。

機嫌のいいとき言った。

「どうもオレは、いつもお前に丸め込まれてしまうなあ」

「反対でしょう。いつもあなたは嘘ばっかりついて私を丸め込んでしまう」

「観世音菩薩《かんぜおんぼさつ》と孫悟空の関係だな。いくら縦横無尽《じゅうおうむじん》に暴れまわっても、結局は観音さまの手のひらの上だ」

「孫悟空って誰のこと?」

「オレに決まっているじゃないか。お前は観音さまだよ」

「反対です。私が孫悟空で、あなたが観音さまです」

「お前が観音さまだよ」

そばから娘が、

「二人とも、もう、いいかげんにしてよ！」

ま、こんな調子なので、スイートルームについて妻に相談した私がバカだった。

仕方がない。翌日堀田検事に聞くと、

「それはスイートルームでいいんだよ。無理に訳さなくていい」

部屋にシングルとツインのあることは知っていたが、スイートルームなどという言葉は当時は聞いたことがなかった。

「どんな部屋なんですか」

「寝室の外に、応接室や事務室のようなものが付いてる、接客用も兼ねた広くて立派な部屋のことだよ」

へぇー、そんな部屋があるのか。

どうせ君たちは安月給だろう、と小佐野にからかわれたくらいだから、当時のヒラ検事でそんな部屋に泊まったことのある者はまずいないだろう。

これはずっと後になってからの話だが、最高検検事の時代、中国最高人民検察院の招請《しょうせい》で「汚職防止立法について」という講演を行うことになり、十日間中国に滞在した。そのとき、毛沢東も好んでしばしば使っていたという北京の友誼飯店《ゆうぎはんてん》が宿所に充てられたのだが、豪華な寝室に大小の応接室、書斎が付いており、ああ、これがスイートルームなんだと、初めて知った。まさか中国に行ってスイートルームを知ることになるとは思ってもみなかった。

L班では、ほとんど毎日のように連れ立って昼食に行った。入る店も注文するメニューも、大体決まっていて、五百円のサバ定食が多かった。土曜日だけは少し張り込んで、朝鮮焼肉か、スエヒロのステーキに生ビールだった。四〇〇グラムのステーキでは足りずハンバーグステーキを追加注文する丸山検事に対し、二〇〇グラムのステーキでもう十分という堀田検事、食いものはいいから俺はビールだと言って、ジョッキ二杯位飲む北島検事、体が一番小さいのに大食いの池田検事。食事ひとつにしても、個性豊かであった。ああいう自由闊達《かったつ》な雰囲気だったから、L班の面々はのびのびと仕事に打ち込むことができたのだなあと、今にして思う。人は、その置かれた環境によって、ときに自分の能力を超える仕事ができるもののようだ。

解明された資金の流れ

ロッキード本社から出て児玉や田中角栄らの手に渡った金は、一体どのような経路を経てきたものであるか、素描《そびょう》しておきたい。

ロッキード社からの送金はドルで行われるが、香港で円に換えられ、クラッターには円で届けられる。そのカラクリはこうである。

まず、送金額が決まると、本社では系列会社のＬＡＩ（ロッキード・エアクラフト・インターナショナル）に送金事務を依頼する。ＬＡＩは、ロス・ディーク社（ディーク・アンド・カンパニー・ロサンゼルス）に日本円の買入価格を問い合わせる。同社は系列の香港ディーク社（ディーク・アンド・カンパニー・香港）に買入価格を照会《しょうかい》して回答する。ＬＡＩはその買入価格に相当するドル資金をロス・ディーク社に払い込んで送金を委託《いたく》する。その際、同社では「外国送金受領証」を発行する。この中に、受領先、受領したドル金額、日本円による送金額、送金先、受領日時・場所についての連絡方法等の詳細が記入されている。つまり送金請負契約と領収証を兼ねた内容のものである。ロス・ディーク社は、その内容を香港ディーク社に電信する。

香港ディーク社では、香港その他で送金額に見合う日本円の現金を調達《ちょうたつ》する。この現金が、いわゆる運び人の手によって香港から空路羽田に運び込まれ、クラッターに届けられる。運び人には、中国人、韓国人、アメリカ人など、さまざまな人間がおり、その中には保世新宮《ほせあらみや》というスペイン国籍の宣教師などもいた。

簡単に図示すれば、金の流れは、ロッキード本社↓ＬＡＩ↓ロス・ディーク社↓香港ディーク社↓運び人↓クラッター、ということになる。

海を越えてやってくる汚職

クラッターは、通常、港区六本木にあるホーマット・プレジデントの自宅を指定場所にして運び人から現金を受け取り、それを千代田区の大手町ビルにあるロッキード社東京事務所に運び込んで保管していた。その保管金が特別資金・特別勘定として、児玉、田中角栄その他ロッキード事件の被告人らへの供与などの資金として使われた。

堀田検事の巧《たく》みな証人尋問で発見・提出されたクラッターの「摘要」は、金銭出納帳形式のメモになっていて、香港ディーク社の運び人から受け取った日時・金額は収入欄に、児玉、田中らに支払った日時・金額は支払欄に記入し、残額欄にもきちんと記入してあったので、現金授受の日時・金額と手元の資金の増減状況は、この「摘要」で一目瞭然《いちもくりょうぜん》となっていた。ただ、支払先については「摘要」の備考欄に暗号で記入されているだけで、その暗号の意味はクラッターに対する嘱託証人尋問調書その他によってはじめて明らかにされた。

「外国送金受領証」、「クラッターの摘要」、「児玉領収証」その他金額をピーナツ、ピーシーズ等と暗号で表示した「田中角栄関係の領収証」、これらが金の動きを決定づける物的証拠であった。

ロッキード社からロス・ディーク社に払い込まれたドルが日本円になってクラッターの手元

に届けられるまでには、およそ十日から二週間を要した。外国送金受領証とクラッターの「摘要」収入欄の記載を対照すれば、その関係が分かる。そして「摘要」支出欄と児玉領収証その他の領収証等を照合し、備考欄の暗号を解読すれば、クラッターの手元の資金がいつ、いくら、だれに支払われているかが明らかになる。

つまり、クラッターの「摘要」を真ん中に置き、左側に外国送金受領証、右側に児玉領収証その他の領収証を並べれば、ロッキード社から出た金の流れが一目瞭然となる。こうして、私は、この大疑獄事件の真相をはっきりと射程《しゃてい》に収めることができた。

私が担当した児玉ルートに関して言えば、児玉がいくら否認していても、これらの物的証拠と、授受があったことを認める福田太郎の検察官調書、コーチャンおよびクラッターの嘱託証人尋問調書、それに児玉とロッキード社との間の顧問契約書（基本契約書）と成功報酬契約書（修正一号契約書）があるので、これらの証拠が全部採用されさえすれば金銭授受の立証は万全だと信じていた。

児玉の逆襲

児玉側弁護人は、このロッキード事件は架空《かくう》のもので、真相はロッキード社がニクソンの依頼で大統領選に必要な資金を捻出《ねんしゅつ》するためディーク社を抱き込み、海外へのトライスター売込みのための運動資金という名目《めいもく》で外国送金受領証記載の金額を支出した、だが実際はその金は児玉らの手に渡らず、密かにディーク社からロッキード社に還流《かんりゅう》され、ニクソンの選挙資金に使われたのだ、と主張していた。したがって、弁護人の主張によれば、外国送金受領証、クラッターの「摘要」および児玉領収証はすべて実体の伴わない架空・偽造のものであるということになる。弁護人がこれらの証拠は証拠能力(刑事裁判の証拠としての適格性)がないと主張し、その採用に強く反対していたのは、こうした理由などによる。

起訴状によれば、児玉が昭和四十七年(一九七二年)から五十年(一九七五年)の四年間に得た収入は約二八億四四〇〇万円であり、このうちロッキード社から得た顧問料や成功報酬などは約二一億三五〇〇万円で、あとはいわゆるフィクサー料(紛争の調停《ちょうてい》などによって得た報酬)などとされている。それを全部で約二億七四〇〇万円の収入しかなかったとして、正規の所得税額との差額約一九億一九〇〇万円を脱税したというのが公訴事実である。この脱税額は、殖産住宅・東郷民安(脱税額約二九億二三〇〇万円)、熊本ねずみ講・内村健一(同約一九億九〇〇〇万円)に次いで、当時としては史上三番目の巨額な脱税額であった。

私は、当時、この三大脱税事件中、一番目と三番目の事件を手掛けたというのが自慢のタネであったが、その後の流れを見ると、これよりはるかに多額の脱税事件が発生しており、私の自慢のタネも色あせてしまった。嘆《なげ》かわしいことだ。

痛烈な反証

児玉への現金の支払いは、あらかじめ福田太郎が児玉の自宅に電話をかけて持参《じさん》する日時を決め、クラッターと福田がロッキード社東京支社のある大手町ビルの地下ガレージで待ち合わせる、そして福田運転の車またはクラッターの自家用車で世田谷区等々力の児玉邸へ行き、クラッターから児玉に直《じか》に現金を渡すという方法がとられていた。児玉は、現金を受け取ると、あらかじめ用意しておいた領収証をクラッターに渡した。これは福田とクラッターの供述などによって認められる。

ところが、ニクソンへの還流説に立つ弁護人は、この二人の供述はでたらめだという立場から、さまざまな主張を試みた。その中で、これは困ったことになったぞ、と思って愕然《がくぜん》とした反論・反証がある。

それは、児玉邸は昭和四十八年（一九七三年）三月から十二月までの間、応接室を含む四分の三以上を解体して改築したが、この工事期間中、残存部分の日本家屋《かおく》は閉鎖して使用せず、児玉夫婦は隣接する別棟《むね》に仮住まいしていた、この別棟には解体部分にあった家財道具を搬《はん》入《にゅう》していて物置同然の乱雑《らんざつ》な状態になっており、来客を招じ入れられるような状況にはなかった、クラッターや福田とこのような乱雑で、足の踏み場もないような別棟で会ったことは全くない、という趣旨の反論であり、その主張を立証するためとして、その改築工事を施工した業者の請負契約書や図面などを証拠請求してきた。弁護人は、児玉邸がそういう状態だから、同年五月から十二月までの間、七回に分けて現金合計五億七八〇〇万円を受領したとする検察側の主張は事実に反する虚構《きょこう》のものであるというのである。

もし弁護人の主張するとおりだったとすれば、この年の支払分に関する児玉領収証は事実に反する偽造のものということになり、その影響は計り知れない。これを基軸に金銭の授受に関するクラッターの摘要、ロッキード本社から東京支社への送金を証明する外国送金受領証などの重要証拠の信用性が根底から覆えされる危険性が出てくる。それはニクソンへの還流説に有力な根拠を提供することになりかねない。

普通アリバイというのは、その犯行の日時・場所には自分はいなかったのだから、犯行を犯しているはずがないという主張・立証であるが、この児玉側の主張は、金を受け取ろうにも受け取る場所がそもそもなかったというのであるから、正に〝究極のアリバイ〟と言ってよい。

別にクラッターらを饗応《きょうおう》接待しようというわけではなく、単に金を受け取るだけのことなのに、別棟では受け取れないという論理が成り立つわけはないのだが、それをあまり強く主張するわけにはいかない事情があった。というのは、母屋《おもや》と別棟は地番が異なり、母屋は「等々力六丁目二十九番二十号」、別棟は「等々力六丁目二十九番十四号」となっていて、検察側では冒頭陳述書で授受の場所を前者にしてあるのだ。つまり母屋の方で受け取ったとはっきり主張している以上、母屋でなければ別棟で受け取ったのだと簡単に変更するわけにはいかないのだ。

工事関係書類を子細《しさい》に検討し、業者を調べたが、どうも改築工事はあったらしい。

そこで、児玉関係の捜査に当たった検事からいろいろと聞いてみたが、改築工事のことは全く念頭《ねんとう》になかったことが分かった。

崩せぬアリバイ

工事関係の書類や業者の供述だけでは改築工事があったと断定するわけにはいかない。

これは、特捜部に配属される以前に、何か建築工事に絡む事件を担当したときのことだが、建設省では毎年一回は必ず日本全土の詳細な航空写真を撮っておいて、国土の変化の状況を記録していると聞いたことがある。児玉邸改築工事が行われたという年と、その前後の年の航空写真を入手して拡大してみれば、改築があったかなかったかが分かるのじゃないか。

所管は建設省の国土地理院だという。早速出掛けて行った。

航空写真はあった。三〇センチメートル四方くらいの大型フイルムである。毎年一、二回、決まった上空の定点から撮影しているという。当然世田谷区を中心とする航空写真もあったので、その任意提出を求めたが、一枚しか撮っていない大切なフイルムの原本なので院外に出すことはできないと拒否された。

それならと、そのフイルムで焼き付けた前後二年分を含む三枚の写真を提出してもらって帰庁し、採証課の技官を呼んで、この写真で児玉邸の写っている部分を拡大してくれないかと頼んだが、即座に無理だと言われた。

児玉邸がいくら広いといっても、世田谷区やその周辺の区域まで写っている広域の写真の中では米粒程度であり、フイルムがあれば拡大できるが、写真そのものからでは引き伸ばせないという。

しかし、国土地理院ではフイルムは出せないと言っている、どうしたもんだろう、と技官に言うと、検事さんともあろう人が、そんなことで困っているなんておかしいですよ、映画のフイルムを考えたらすぐ分かるじゃないですか、と言われた。あっと思った。

映画のフイルムは、オリジナルのものは一本で、あとはそれを基《もと》にして作製したコピーだ。そのコピーが配給という市場システムで映画館へ大量に送り出されるわけである。ということは、オリジナルのフイルムは提出できないといっても、そのフイルムのコピーの提出を拒否する理由はないはずだ。

こうして再度国土地理院へ行き、原本のフイルムからコピーを作製してもらって、そのコピーを提出してもらった。このフイルムのコピーを、コンタクト・ポジ・フイルムという。原本のフイルムにフイルムをぴったり重ね合わせて焼き付けるらしい。

はじめに行ったとき教えてくれればいいものを、と不満に思ったが、言われたことについて最小限に応対するのが役人の姿勢だから仕方がないと腹に収め、丁重《ていちょう》にお願いして作製してもらった。

このコピー・フイルムを採証課に渡したところ、二、三日して児玉邸の部分を中心に引き伸ばした写真ができてきた。

非常に鮮明で、たしか児玉邸の庭の池まで写っていたように記憶している。そして、改築を主張する昭和四十八年とその前後の写真計三枚を並べて比較してみると、児玉邸の変化の状況から、弁護人の主張するとおり改築が行われたことは、もはや否定しようがないことが分かった。

こうして弁護人の主張に軍配を上げざるをえなかった。

児玉邸は、西に傾斜する土地に盛り土して平坦《へいたん》にした約一五〇〇坪（約四九五〇平方メートル）の広大な敷地の上に建っている。南側から見ると、玄関に通ずる門が右端、つまり東南にある。いわゆる辰巳《たつみ》の門である。

建物も数十坪の広さで、このうち離れを残して解体し、その跡に洋風の建物を新築した。解体部分は、建物全体の四分の三以上である。

この土地の西側約三〇〇坪に児玉の息子・児玉義明《よしあき》夫婦が住んでいる別棟がある。離れは、瀟洒《しょうしゃ》な日本家屋で、一階は八畳の日本間と廊下を隔《へだ》てて十畳以上あると思われる広い仏間があり、二階は、六畳半の寝室と納戸《なんど》がある。

この離れには、北側に土蔵が付設されており、風呂場や炊事場もある。一階の八畳からは、すぐ庭に下りられるように沓脱石《くつぬぎいし》と飛び石が置かれている。

独立した離れで、夫婦二人ならゆっくり暮らせる広さである。

ところが弁護人は、この離れは工事期間中閉鎖し、使用されていなかったと主張し、児玉夫婦は息子に一時明け渡してもらっていた別棟に仮住まいしていたと主張した。児玉の妻睿子《えいこ》も、工事期間中、この離れの八畳にはタンス三本位、鏡台《きょうだい》、来客用の寝具《しんぐ》六人分位を入れており、部屋はどこもほこりが積もっていて、スリッパを履かなければ歩けない状態だったと、暗に住居として使用できる状態になかったと証言した。

しかし、私はこの離れで現金の授受が行われたことは間違いない、という心証を得た。

お手伝いの女性の部屋の水道で足がつく

この捜査の時も特捜部資料課のベテランに協力を求め、まず、児玉邸に出入りしている雑貨商を見つけて、児玉邸に納入《のうにゅう》するロウソクの大きさに変化があった時期があるかどうかを調べてくれと頼んだ。

「清水検事の依頼は、いつも妙なことばかりですね」

以前、ウルトラマンの贋作《がんさく》事件で、江戸川区、墨田区の小さな町工場をしらみ潰しに調べたことを思い出した事務官が言った。

児玉は熱心な日蓮宗の信者で、大田区池上にある本門寺に多額の寄付をしていた。離れの仏間が十畳以上もある広い部屋だということは、仏壇も大きいはずだ。児玉は、毎朝この仏間にこもり、お灯明《とうみょう》を上げて法華経を念ずるのを日課としていた。

そこで、大きな仏壇であれば、使うロウソクも大きいだろう、もしこの離れを閉鎖して別棟に移り住んでいたとしたら、多分小さな仮の仏壇でお灯明を上げることになる。そうなると、仮住まい期間中はロウソクも小さなものに変えるはずだ、と思ったのである。

児玉邸出入りの雑貨商はすぐに分かった。事務官の聴取に対し、児玉邸に納めていたものは、短いものでも一・五号という規格の、長さ一二、三センチメートルもあるロウソクで、それは一貫して変わらず、それより小さいものを注文されたことはなかったと雑貨商は断言した。事務官は、ロウソクの見本を持ち帰ってきた。

次に、児玉邸の電話の使用状況を調べた。改築期間中もその前後も、特に変化はない。

電気、水道の使用状況も調べた。改築期間中は使用量は減っていたものの、一般普通家庭の平均的な消費量よりも多かった。水道料金が多いのは、庭が広く、散水栓《さんすいせん》による水の使用が多いためだろう。

ただ、ガスは消費されていなかった。ガスがなければ煮炊《にた》きや風呂を沸かすこともできず、児玉夫婦がこの離れで生活していたと主張するわけにはいかない。知人の建築業者に尋ねてみたら、家屋の一部を残して解体し、そこに新たな建物を建てるというような場合は、ガス管だけは必ず閉鎖しておくとのこと。そうしないと、ガス漏《も》れによる火災などの事故につながる危険性があるからだ、ということが分かった。ちょっと、腰が砕けかけた。

しかし、燃料は都市ガスだけではない、と思い返した。

私は、また資料課の事務官に、児玉邸周辺の燃料店を調べ、児玉邸にプロパンガスを納入したことはないか、あればその納入していた期間について調べてくるよう指示した。

勘が的中した。

児玉邸に出入りしていた燃料店が、児玉邸からの注文により、二〇キログラム容器入りのプロパンガスを納入していた時期があること、その期間はなんと弁護人が主張する児玉邸改築期間とぴったり一致することが判明した。

ここで、児玉夫婦が改築期間中この離れに住んでいたことは間違いないと確信した。

しかし、念のため補充捜査を重ねた。

弁護人から提出された工事関係書類の中に、配管図があった。その配管図を見ると、水道管、下水管、汚水管、ガス管は、すべて児玉邸北側の通用口の地下から入ってきて、そこから各建物などに枝分かれしていることが分かった。配電図も同様であった。その配管図や配電図を追っていくと、それらは全部離れに入って、そこからお手伝いの女性棟につながっている。

そこで、もしお手伝いの女性の部屋の電気が点《つ》き、水道の蛇口《じゃぐち》から水が出るとしたら、離れも同様に電気が点き、炊事場や風呂場の水道の蛇口から水が出ていたということになる。それにプロパンガスも入っている。児玉夫婦がこの離れで生活するに支障となるものは全くない。

茨城県日立市に出張した。

問題の昭和四十八年当時児玉邸でお手伝いをしていた女性が辞めて、日立市の実家に帰っていることを突き止め、日立区検に呼び出した。

はじめは、児玉邸に勤務していた当時、外国人がくるのを見かけたことはなかったかなどという質問をした。当然、ないという答えだった。あるという答えは期待していなかった。児玉の方から口を封ぜられているかもしれないし、自分がかつて仕えた児玉の不利になるようなことは言うまいという決意からかもしれなかった。そこで、分かりましたと言って、この質問を切り上げると、ほっとした様子だった。

「それじゃ、あなたが児玉さんのお屋敷にいたときの自分の日常生活ですが、母屋や別棟と離れたところにあるお手伝いさんの部屋で寝起きしていたのですね」

「はい」

「朝起きて、顔を洗い、歯を磨く。それ、自分の部屋の洗面所でするわけですね」

「はい」

「水道の水は出ましたか」

「はい」

「一年近く改築工事をしていたことがありましたね」

「ええ」

「そのときも、あなたの部屋での生活はべつに変わりはありませんでしたか」

「ええ、ありませんでした」

それだけのことを調書に取った。わずか一枚半の調書だった。お手伝いの女性の部屋にある流しの水道の水が出たということは、離れの水道の水も出たということなので、それだけで十分なのであった。それ以上細かく聞くと警戒され、口を閉ざされかねない。

このとき以来、日立市には一度も行っていない。日立製作所の本拠地で、町の人が「ニッセイ」と言うから何だと思ったら、日立製作所の「日」と「製」をつなげて音読みにしているものと分かった。

太平洋に面した南北に細長い地形で、たしか鵜ノ尾崎という海に突き出たような所があり、長良川などで鵜飼に使う鵜の捕獲が法律で認められている日本で三ヵ所の中の一つだということだった。鵜というと、自分たちも指示のままに動く鵜のようなものだと思っていたこともあって、この土地に何となく親しみをもった。

次々と浮かび上がる証拠

私は、児玉邸の内部、特に離れの様子についてよく知りたいと思ったが、児玉邸を捜索したときは実況見分をしていないので、図面や写真等はない。そこで、地元の警察では何かつかんでいないかと思い、玉川警察署に連絡して協力を求めた。しばらくして電話があり、児玉の秘書大刀川恒夫が提出した窃盗の被害届にもとづいて離れを中心に実況見分したことがある、とのことだったので、その一件記録を持参してもらった。

その記録によると、児玉邸の離れの二階・納戸内の洋服ダンスの中に入れておいた猟銃一丁が盗まれたという事件で、正に改築期間中の昭和四十八年四月十二日、玉川警察署員による実況見分調書が作成されており、多数の写真が添付されている。

改築工事のため離れが封鎖《ふうさ》され、誰も内部に立ち入らない状態であったとしたら、猟銃が盗難に遇《あ》ったとしても気がつくはずはないだろう。毎日そこで生活していたからこそ盗難に気がついたと見るべきである。しかし、それよりも問題は、実況見分調書添付の写真を見るかぎり、屋内は整然としていて、一階の八畳間には児玉の妻睿子の証言するような家具や夜具など全くなく、きれいに片づいていたことである。二階の寝室も同様で、低い棚の上に二台の電話機がきちんと置かれていた。

そこで、この実況見分の指揮をとった玉川署の警察官に証人になってもらい、屋内の整理整頓は行き届いていて、塵《ちり》ひとつないような状態であり、スリッパを履かなければ歩けないような状態ではなかったということを証言してもらった。

私は、ふと航空写真を思い出した。改築期間中の昭和四十八年の写真には、その前年の写真にも翌年の写真にも写っていないものが写っている。それは、北側通用門の内側にある、かなり大きい、細長い形のものである。工事業者を呼び出して聞いたところ、「ああ、これは解体する建物の中にあった家具類などを収納しておくために作ったプレハブの仮設建物ですよ」と言った。家具類などはここに収納していたのだ。離れや別棟に収納する必要は全くなかったのである。

このような補充捜査の結果、児玉邸の改築期間中は、児玉夫婦は離れの日本家屋に住んでいて、この一階の八畳間でクラッターから現金を受領した、少なくともこれを否定するような証拠は全くないということを証明した。

クラッターと福田は、正門から入って、改築現場を右に見ながら庭伝いにこの離れに行き、八畳間に上がって児玉に現金を渡していたものと確信した。

児玉領収証

ロッキード事件では、田中角栄に対する贈収賄事件にしても、また、その他の事件にしても、基本となるのは実際に金銭の授受が行われたかどうかであり、その立証ができるかどうかが第一の関門である。田中は金を受け取った事実はないと否認した。橋本登美三郎《はしもととみさぶろう》も、佐藤孝行《さとうたかゆき》も同様に否認した。児玉誉士夫は年間五〇〇〇万円の顧問料を受け取っていたことは認めたが、それ以外の金は一銭も受け取っていないと否認した。

ここでは、自分が直接担当した児玉ルートの脱税・外為法違反事件に絞《しぼ》って述べるが、他のルートもいわば同根の事件なので、一つのルートで破れると他の事件も共倒れになるという危険をはらんでいる。その危険が児玉ルートで出た。

児玉とロッキード社との間で作成された契約書は、基本契約書（顧問契約書）のほかに修正契約書がある。これは一号から六号契約書まである。

一号契約は全日空に対しトライスターが何機売れたらいくら支払うという成功報酬、二号契約は全日空以外の航空会社に対しトライスターの売込みが成功した場合の報酬、三号契約は大韓航空に対しトライスターの売込みが成功した場合の報酬、四号契約は日本政府に対し対潜《たいせん》哨戒機《しょうかいき》P3Cオライオンの売込みが成功した場合の報酬、五号契約は児玉のコンサルタント報酬の増額、六号契約は大韓民国に対しF104S型ジェット戦闘機の売込みが成功した場合の報酬について定めた契約書であり、いずれも児玉が署名・捺印《なついん》している。

このうち、五号契約によって児玉の報酬が年間六〇〇万円増額され五六〇〇万円となり、その支払いがあったという事実は認められるものの、その他の契約に基づく支払いがあったという証拠はない。

ただ、後にいろいろ取り沙汰《ざた》されているので、右の四号契約書について少し触れておきたい。

この契約書では、対潜哨戒機P3C五十機以上の発注を受けた場合、二五億円の報酬を児玉に支払うものとされ、日本政府は田中逮捕の翌年の昭和五十二年（一九七七年）八月二十四日にP3C四十五機（一機平均七七億円）の導入を決定した。もしもこの報酬が児玉に支払われたとすれば、トライスターの場合と同じように領収証などの証拠がなければならない。しかし、そうした証拠は一切ない。

証拠がないだけで支払いの事実はあったはずだという推理も成り立たないとはいえないが、この四号契約書では、「五十機以上の発注を受けた場合」、となっていて四十五機では契約の条件を満たしていない。また、報酬の支払時期も、「発注を受けたとき」、となっていて、政府による導入決定があったときは書いていない。クラッターは、児玉の報酬増額についての五号契約に基づく支払い以外に二号契約書以下の契約に基づく支払いはなかった、とカリフォルニア州中央地区連邦地方裁判所で宣誓の上証言している。

政府がP３C導入を決定したのはロッキード事件発覚の翌年で、全部の起訴が終了し、すでに公判も始まっているという時期である。そのような時期に重ねてロッキード社から児玉あてに巨額の報酬が支払われたとみるのは無理である。ロッキード社は政府がP３C導入を決定する以前に児玉とのコンサルタント契約はすべて破棄されているという内容の宣誓書を防衛庁あてに提出しており、したがって四号契約書に基づく契約条項は無効に帰している。その無効な契約に基づく支払いということはあり得ない。支払いがあったとすれば何らかの証拠が残されていなければならないはずであるが、全くない。

こうしたいろいろな情況をあわせれば、児玉や小佐野がP３C導入問題をめぐって背後で暗《あん》躍《やく》していた事実は認められるものの、この四号契約に基づく児玉に対する報酬支払いはなかったと見ざるを得ないのである。

しかし、その支払いがなかったはずはないとして、P3C疑惑こそがロッキード事件の最大の疑惑であるのに、特捜部はなぜかその追及を怠《おこた》った、などとして、あたかも特捜部が政治的な圧力によって疑惑の解明を放棄したと言わんばかりの見解が一部にあるが、これは全くの見当違いである。

このP3Cの販売戦略に関して、ロッキード社が児玉に助言を求めていた事実はある。

昭和五十二年（一九七七年）夏ごろ、児玉邸の応接室でP3C売込みの可能性についてクラッターから問われた児玉は、

「P3Cはすでに出来上がっている飛行機である。国産でという話もあるが、これから国産にするということになると、開発費が膨大にかかるばかりでなく、長期間の日時を要するので、国産ということは不可能である。従って、防衛庁がP3Cを購入することは九九％確実なことだ」

「P3Cの機体とコンピュータを切り離してコンピュータだけを輸入し、機体は国産にするという意見もあるが」

「そういう話があるのなら、ロッキード社にコンピュータと機体を切り離すことはできないと

言わせればよいではないか。そうすれば、P3Cはそれに積むコンピュータと一体になって売ることができる」

児玉がP3Cの売込みについてロッキード社に並々ならぬ肩入れをしていたことは明らかである。ロッキード事件が起こらなかったら、おそらく右の修正四号契約書どおりの膨大な報酬が児玉のもとに届けられていたことは間違いないだろう。しかし、ロッキード事件の発覚とその後の状況によって、この支払いは行われなかったというのが事実と見るべきなのである。

ついでながら、ロッキード社が児玉にいかに多くを期待していたか、裏を返せば児玉の黒幕ぶりについて、コーチャンの嘱託証人尋問調書から一部を引用しておく。

「世界は大きく、沢山の国があり、沢山の航空会社がありましたが、わが社の資力は限られていました。〔中略〕そこで私は、児玉氏に彼の情報源を通じて情勢はどうか、日本における販売キャンペーンを開始すべきかどうかを調べてくれと頼みました。そしてこれが私が彼に会いに行った真の理由です。〔中略〕情勢は、時により、日により変わりますから、彼は完全に我々にそれを知らせてくれていました。〔中略〕私は彼に選挙では何が起こるか、誰が次の大臣になるのか、誰が通産省の長になるのか、我々は誰に話すべきか、誰が権限をもつ人に影響力を持つ人々なのかを私のために予測するよう頼みました。そして彼は、絶えずそれについて読みを話してくれました。彼は、私の日本における国務省でした」

私は、ロッキード事件の捜査・公判を通じて政財界の裏舞台を少しだけ垣間《かいま》見る機会が得られた。かつての造船疑獄事件で法務大臣犬養健の背後にも児玉の存在があったことも知ったが、こういう闇の勢力の影響から日本の政財界が完全に脱し切れているのか疑問に思えてならないのである。

押されたゴム印

さて、児玉が昭和四十四年から五十年までにロッキード社から受領した顧問料と成功報酬は、合計約二四億四七五〇万円で、田中が受領した五億円の五倍近い。

こうしたロッキード社と児玉の関係は、あくまで秘密とされ、児玉は領収証を出すことを拒否した。しかし、ハルは「領収証を出してもらわないと社内整理上困るので、是非出してもらいたい。その代わり児玉さんには決して迷惑をかけないから」と懇請《こんせい》し、児玉もしぶしぶ領収証を出すことにした。

しかし、その領収証には署名はなく、「児玉誉士夫」のゴム印と「児玉」の丸印が押され、金額もチェックライターで打刻《だこく》されたものであり、日付もゴムの日付印で押されたものであった。

こうしておけば、後で問題になったとしても、誰かが勝手に作ったもので、児玉は全く関与していない、と主張できる。

ここで、少し説明を加えておきたい。

顧問に関する基本契約書は「昭和四十四年一月十五日」付け、成功報酬に関する修正一号契約書は「昭和四十四年六月一日」付けである。実際にこれらの契約書が作成されたのは昭和四十八年（一九七三年）になってからのことなのだが、ロッキード社側の要請で、いずれも実際に合意ができた当時の日付に遡《さかのぼ》らせたのである。この二つの契約書にも領収証と同じ「児玉誉士夫」のゴム印と「児玉」の丸印が押されているが、ここには児玉の署名も併記《へいき》されている。

署名だけでいいはずなのに、わざわざ領収証に押したのと同じ児玉のゴム印と丸印まで契約書に押したのは、各領収証の金額がこれらの各契約書に基づいた真正な支払いであることの関連性を書面上明らかにしておきたいとのロッキード社側の狙《ねら》いからである。

つまり、ロッキード社側としては、児玉のゴム印と丸印だけの領収証では、児玉から自分が発行した領収証ではないと否認される余地もあり、ロッキード社が監査を受けたとき問題にされるおそれがあるが、契約書にも同じゴム印と丸印が押され、しかもそのゴム印の下に児玉の署名があれば、この契約書が児玉が当事者になって作成されたものであり、したがって児玉領収証も児玉が作成したものとして争う余地がなくなることになる。

ロッキード社としては、いろいろと考えた結果の対策であった。

最後の攻防

児玉側弁護人は、ニクソンへの還流《かんりゅう》説を強く主張し、嘱託証人尋問調書やアメリカ側から入手したすべての書証、物証の証拠能力（刑事裁判の証拠としての適格性）を否定し、その採用に強く反対していた。

特に、児玉領収証については、肝心《かんじん》の児玉の署名がないこと、「児玉誉士夫」のゴム印や「児玉」の丸印、日付印などは誰でも簡単に作ることができること、その支払日時・金額がクラッターの「摘要」の記載と一致《いっち》するといってもクラッターはそもそもロッキード社側の人間であり、また、児玉への支払いを認めている福田太郎も同類であるから「摘要」自体信用に値しないことなどを挙げて、証拠採用に強く反対していた。

裁判所は、証拠としての採否を決定するため、とりあえず現物を見てみたいという立場から、検察官に対して提出命令を出し、これらの証拠が裁判所の手に移った。

児玉領収証は、全部で四十九枚ある。最初の領収証は昭和四十四年六月二十四日付けで一通、最後の領収証は昭和五十年七月二十九日付けで、これは二通ある。

私は、裁判所に児玉領収証を提出した後、自分の控えとしてコピーしておいたこの四十九枚の領収証の写しを、日付順に整理していった。そして四十八枚目と四十九枚目の領収証、つまり最後の二通の領収証までたどり着いたとき、顔から血が引いていった。何と、この二枚の領収証には手書きの箇所がある！

領収証用紙は、市販のコクヨ製で、空欄《くうらん》を埋めていけば領収証として完成するような形式になっている。金額はすべてチェックライターで打刻され、受領者欄には全部「児玉誉士夫」のゴム印と、その名下に「児玉」の丸印が押されている。日付欄には、年・月・日という不動文字だけが印刷されていて、その上に元号や数字を記入して完成させるようになっているのだが、そこにも日付印で日付が押されている。ところが、最後の二枚だけは日付印ではなく、万年筆と思われるペンの字で、「昭和」「五十」「七」「二十九」、つまり昭和五十年七月二十九日と記入されているのだ。

もし、この手書きの部分が福田太郎らロッキード社側の人物の手によるものであったとしたらどうなるか。

それは、この領収証がロッキード社側で作成したものという動かしがたい証拠となる。その影響たるや、単にこの二枚の領収証だけの信用性にとどまるものではない。他の四十七枚の領収証も、この手書きの部分以外はすべて同一の形式のものである。ということは、この二枚だけでなく、四十九枚の領収証全部がロッキード社側の何者かにより作成されたものだとの強力な推定が働いてしまい、これを覆《くつがえ》すことはおよそ不可能に近い。

事は児玉領収証だけにとどまらない。これが偽造だとしたら、密接に関連しているクラッターの「摘要」はもとより、外国送金受領証の信用性は根本から覆ってしまい、弁護人の還流説が現実味を帯《お》びてくる。そして児玉ルートが否定されれば、この「摘要」や外国送金受領証に依存《いぞん》している他の全ルートも否定されてしまい、田中角栄への現金供与にかかわるピーナツ、ピーシーズ領収証もたちまち色あせて到底支えきれず、ロッキード事件全部が崩れ去ってしまう。

だが、まてよ。逆にこの手書きの部分が児玉ないし児玉側の人物の手によるものということが立証されれば、四十九枚の領収証全部が児玉の作成による真正《しんせい》な領収証ということになり、一連の証拠の信用性も動かしがたいものとなって、こちらの勝ちになるはずではないか。

これが、この事件の帰趨《きすう》を決する分水嶺《ぶんすいれい》であった。

事件の分水嶺となった二枚の領収証

うかつな話であった。四十九枚の児玉領収証の中の、最後の二枚の作成日付欄に手書きの箇所があったことを裁判所に提出するまで全く気が付かなかったとは！

私がロッキード事件の公判立会を命じられたのは昭和五十二年十月、裁判所の提出命令によって提出したのが翌年の十二月ころだったから、その間約一年以上気付かずにいたことになる。

怠慢のそしりを受けてもやむを得ない。

早速、吉永、石黒両副部長に報告した。二人ともこれ以上ないというくらいの渋《しぶ》い顔をしたが、仕方がない。ともかく、お前に任せるから早急に対策を立て最善を尽くせ、ということになった。

問題は、誰の筆跡《ひっせき》かという一点に尽《つ》きる。不明なら不明で仕方がない。他の証拠で勝負する。しかし、捜査の結果、この筆跡がロッキード社側の人物の手によるものと判明した場合には、ロッキード事件は全部砂上《さじょう》の楼閣《ろうかく》として雲散霧消《うんさんむしょう》してしまう。

私は、東京国税局査察部に応援を求め、査察官数名を派遣してもらい、ロッキード班の事務官数人を加えた調査班をつくった。班員には、理由を説明せず、問題の二枚の領収証にある手書きの日付部分だけを拡大したコピーを一人ひとりに渡し、押収《おうしゅう》した証拠物その他の資料の中からこの筆跡に似ている筆跡を探し出すよう指示した。

児玉関係の押収証拠物だけでも、全部でダンボール二、三百個はあった。広い部屋に次々とダンボール箱を運び入れ、それを開いて中の証拠物を一点一点調べる。神経をすり減らす作業が何日も続いた。

この人海戦術が効《こう》を奏《そう》した。

おびただしい資料の中から班員が血まなこになって探し出したのは、なんと児玉の秘書大刀川恒夫の署名のある七通の書類であった。

いずれも、問題の児玉領収証にある筆跡に酷似《こくじ》している。

特に七通中の一通は、児玉の税務当局への要望書で、全文がペンで書かれ、その末尾《まつび》に同じ字体で「昭和五十一年二月十七日　児玉誉士夫秘書大刀川恒夫」と記載されている。この文書が大刀川自身の書いたものであることは、本人も否定しようがないはずだ。他の六通も、大刀川の署名がある以上、本人が書いたものに間違いない。あとはこの七通の筆跡と問題の児玉領収証の筆跡とが同一であると断定できるかどうかにかかってきた。

筆跡鑑定

私は、以前に別の事件で面識《めんしき》のあった科警研（警察庁科学警察研究所）の室長技官で、わが国における文書鑑定の第一人者・吉田公一《よしだきみかず》氏と面会し、資料を示して筆跡鑑定が可能かどうかを打診《だしん》した。

吉田室長は、事件のことは一切問わず、黙って資料をめくっていたが、

「分かりました。結論がどう出るか何とも言えませんが、やってみましょう」

こうして科警研に筆跡鑑定を引き受けてもらった。

鑑定事項は、児玉領収証二通をA（1、2）、大刀川の署名のある書類七通をB（1から7）

として、Aの筆跡とBの筆跡は同一人の筆跡か否かという点であった。

結果が出るまでに、かなり時間がかかった。

吉永副部長も、ときどき部屋にやってきて、「おい、まだか」「どうなっているんだ」などとブツブツ言っていた。

明けて昭和五十四年五月、待望《たいぼう》の鑑定書が届いた。「資料Aの二通と資料Bの中の三通は同一人によって書かれたものと推定される。他の四通に関しては不明である」というのが鑑定結果であった。

三通はよい。しかし、なぜあとの四通は不明だというのか、吉田氏の下で実際に鑑定に従事した鑑定人・高澤則美《たかざわのりよし》技官のところへ出掛けていった。

高澤技官の説明はこうだ。

鑑定の対象となった日付欄の筆跡中「昭和」という文字以外はすべて数字である。数字は字《じ》画《かく》が単純である。字画が単純な文字には、筆跡上、個性的特徴が出にくい。A、Bの資料を比較すると、各数字とも運筆《うんぴつ》形態が全体として類似《るいじ》していることは十分に認められるが、いずれも字画が単純な数字であるために、同一人でなければ決して書かないというような強い個性的特徴（くせ）が見出せず、よって数字しか記載されていない資料B中の四通の筆跡と資料Aの筆跡とが同一人のものかどうかは不明とした。これに対し字画が複雑で、くせの出やすい「昭和」の文字の入った他の三通については、そのような制約はない。そこで、この二文字について肉眼あるいは顕微鏡を用いて検査し、各文字の字画形態、字画構成、運筆、配字《はいじ》などの特徴が一致するか否かを詳細に比較対照した結果、この三通の「昭和」の文字と児玉領収証の「昭和」の文字は同一人によって書かれたものと推定される、との鑑定結果を得た。

つまり、数字は字画が単純なため、よく似ているというだけでは同一人の筆跡によるものと判定するには躊躇《ちゅうちょ》せざるを得ないが、字画が複雑な文字については個性が出やすく、その個性的特徴をさまざまな角度から検討することによって、それが同一人の筆跡によるものかどうかが判定できる。その結果、児玉領収証の「昭和」の文字と大刀川が書いた少なくとも三通の書類の「昭和」の文字との特徴が一致したということである。これで万々歳《ばんばんざい》ではないか！

しかし、もう一つ尋ねた。そのような厳密な検討を加えた結果なら、同一人によって書かれたものと「断定できる」としてよいはずなのに、なぜ「推定する」というような弱い表現になるのか。

返事は、ごく簡明《かんめい》なことだった。科警研の筆跡鑑定では、結論は「推定する」と「不明である」の二つに一つしかない。ここで用いられる「推定する」とは「同一人の筆跡と認定するのが最も合理的であり、これに反する認定は不合理である」ということであって、断定するというのとほとんど同じ意味だというのである。

「それなら、断定するでもいいんじゃないですか？」

「漢字を書く人は世界に数多くいます。厳格に言えば、その全員の筆跡と照合《しょうごう》して初めて同一人の筆跡に間違いないということができるはずです。しかし、そういうことは事実上不可能ですので、与えられた資料をさまざまな角度から検討して同一性の有無を判断するしかない。したがって、その判断はいかに厳格な手法に基づくものであっても、絶対的とまでは言えず、それゆえ断定という鑑定結果は出せないのです」

私は、それを聞いて、その二、三年前に担当した神田の金地金《きんじがね》商「徳力本店」の関税法違反事件を思い出した。この事件は、密輸金だと知りながら大量の金地金を取引したという事件で、苦労した事件であったが、金地金の純度について捜査していた過程で、純金とは「九九・九九」％のものをいうのだと知った。九が四つ並んでいるのでフォーナインというのだが、それを教えてくれた貴金属商に聞いた。

「純金なら一〇〇％と言っていいはずなのに、なぜ九九・九九％などというのですか？」

「それはですね、いくら純金だといっても、人間が精錬して作るものですから、絶対に混じりっ気ゼロとまで断言するわけにはいかない。それは神の領域です。つまり〇・〇一％というのは、可能的不純度率ということで、神様から許してもらえる最小限の誤差《ごさ》の範囲ということです」

ああ、これは哲学の領域だ。この世の中に「絶対」というのは存在せず、あるのは「相対」

だけだ。その相対の中で、限りなく絶対に近い相対と、限りなく曖昧《あいまい》に近い相対があるにすぎない。

高澤技官のいう「推定」と、この貴金属商のいう「フォーナイン」の説明とは、正しく同じことではないか！

こうして筆跡鑑定の結果、問題の児玉領収証二枚の日付欄にあった手書きの筆跡が児玉の秘書大刀川恒夫の筆跡に間違いないと確信できたのであった。

福田太郎か、それとも大刀川恒夫か

さて、問題の筆跡が児玉側の人物のものであることは確信できた。しかし、厳密にいうとそれでは不十分で、その筆跡がロッキード社側の者による筆跡ではないことを念のため捜査で明らかにしておきたい。

ロッキード社側で児玉と密着している人物は誰か。クラッターは漢字は書けない。とすれば福田しかいない。そこで福田の筆跡を探索することにした。これが大変だった。福田の自宅と会社から押収した証拠物中には、福田の書いた日本文の書類がない。

渋谷区南平台の福田宅に電話を入れて協力を求めたが、娘さんが出て、警察や検察庁で根こそぎ持って行ってしまったじゃないですか、家には何一つありませんよ、と冷たい。

父の太郎氏は、ロッキード事件が発覚した昭和五十一年五月に肝臓病等で死亡した。残された奥さんと娘さんにしてみれば、事件に巻き込まれて連日のように取調べを受けたことが太郎氏の死期を早めたにちがいないという怨念《おんねん》をもっている。

電話ではどうも話にならないので、ともかく会うだけ会ってくださいと、渋る娘を何とか説得し、お宅へ行った。

高い石垣のある立派な邸宅で、母子二人がひっそりと住んでいる。硬い表情の二人に対し、辛抱強く、言葉を選びながら説得した。母子も次第に心を開いてくれたが、太郎氏はアメリカ生まれの二世で、日記もすべて英語で書いており、日本文で書いたものはないという。私は、例の手書きのある児玉領収証の日付欄だけを拡大コピーしたものを見せた。

娘さんは「父は、こんな流暢《りゅうちょう》な字など絶対に書きません」と言い、覗《のぞ》き込んだ未亡人も即座《そくざ》に「主人の字じゃありません」と言った。二人からすぐに、それが福田太郎の字ではないという供述調書を取った。そして「こうしてお尋ねする詳しい理由は申し上げられないのですが、太郎氏の名誉に関わることなんです。もう一度よく調べていただいて、もし太郎氏の書いたものがあったらすぐに連絡してください」と言って辞去《じきょ》した。

残念だが、福田の字じゃないという調書を取ったことだし、まあ、いいか、と自分を納得させた。

ところが、二、三日後、娘さんから電話があった。一枚だけありました、という。飛んでいった。

出された書面は、印鑑証明書の交付申請書であった。

太郎氏の父が死亡した後、遺産分割協議書の作成に印鑑証明書が必要だということで、渋谷区役所に本人が書いて提出したものだという。そこには「福田太郎」「大正五（年）六（月）廿七（日生）」という手書きの文字が書いてあった。母子ともそれが太郎氏の筆跡だという。失礼な言い方だが、小学校の児童が書いたような四角い下手な字で、一見しただけでも、児玉領収証の日付欄の筆跡とは似ても似つかない。この交付申請書の任意提出を受けた上、そこに書かれている字が福田太郎の字であるという母子の供述調書を作成し、丁重にお礼を述べて福田邸を後にした。

こうして、問題の領収証の筆跡は児玉の側近が書いたものであり、ロッキード社側の人間が書いたものではないということが確認された。

大刀川が、なぜこの二枚の領収証の日付だけ手書きで書き入れたのか分からない。多分そのとき、いつもの日付印が手元に見当たらなかったため、つい油断して手書きで記入してしまったのだと思うのだが、このコクヨの領収証用紙は「年・月・日」しか印刷されていないため、手書きの文字は「昭和」から書かなければならなかった。

もし「昭和」まで印刷されていた領収証用紙だったとしたら、日付の数字を埋《う》めるだけでよい。それではいくら筆跡が似ていても、高澤技官は「不明である」という鑑定しか出しようがなかったことになる。正に「昭和」の二文字がロッキード事件の分水嶺となったのであった。

X紙M記者との〝密約〟

大刀川恒夫の被告人質問を二、三日後に控《ひか》えて準備に没頭していたころ、X紙のM記者から電話があった。M記者は私が千葉地検にいたころ千葉支局にいて、一緒に飲んだりしていた仲であった。

「いよいよ大刀川が登場することになりましたね。ポイントはどこですか」

「それは言えないよ」

「いろいろと大変でしょう。場合によっては今後の各ルートにも影響するでしょうからね」

「ウン」

「我々も今後どう展開していくのか、ちょっとつかみにくくて困っているんですよ」

「そう」

「どのルートも検察、弁護側とも、まだ決定打が出ていないでしょう」

「そうかねぇ」

「大刀川の尋問も長時間かかるだろうし、どのあたりがヤマ場なのか、そのあたりだけでも教えてくれませんか」

こう来られると弱い。これが捜査段階だったら「ノーコメント」一本なのだが、すでに公判に入っている。法廷取材の際にポイントをとらえてきちんと報道してもらうことも大切なことだ。

「他社との関係もあるので教えるわけにはいかないが、ここから大切な質問に入るというとき合図を送ることでどうか」

「是非お願いします」

こうしてM記者には、質問中さりげなく腕時計を外すから、その時以後の問答に注意するように、との〝密約《みつやく》〟を交わした。

ロ事件の帰趨を決めた法廷対決

昭和五十四年十一月十五日、東京地裁刑事第二十五部では、検察官の大刀川に対する被告人質問が淡々《たんたん》と進んでいった。さすが児玉が信頼してすべてを任せている人物だけに、その供述態度や応答は堂《どう》に入っていて、付け入る隙《すき》がなく、切り崩せない。質問の常に二、三歩先を読んで答えるから、答えの矛盾点をとらえて切り返すこともできない。自信溢《あふ》れる態度に、敵ながらあっぱれなものだと舌を巻いた。

やがて、さりげなく腕時計を外した。

傍聴《ぼうちょう》席を見ると、他の報道記者はみな眠そうな顔をしているのに、M記者と、同じ社の速記者らしい人物二、三人だけが緊張した顔で正面を凝視《ぎょうし》している。

私は、まず鑑定資料Bの七通の書面を一通ずつ大刀川に示し、それがすべて自分が書いた書面だということを認めさせた。そこで、鑑定資料A、すなわち問題の二通の領収証を示した。

「その日付欄を見てください」

「…………」

「そこに手書きの文字がありますね」

「はい」

「それは誰の文字ですか」

大刀川は、一瞬絶句《ぜっく》したあと、

「ウーン、私の字に似てますねえ。……しかし、私の字であるはずはありません」

「よく見なさいよ。あなたの字ですよ」

「いえ、そんなはずはありません」

「検察官は筆跡鑑定の結果、すなわち鑑定書に基づいて質問しているのです」

このとき記者席がどよめいた。

「大刀川さん、あなたの立場も分かりますが、天網恢恢疎《てんもうかいかいそ》にして漏《も》らさずといいます。上手《じょうず》の手から水が漏れましたね」

「…………」

わずか二枚の領収証に自分の筆跡を残してしまったことを皮肉《ひにく》った。

大刀川は、そんなことを言われても、というようなことを言った。裁判官席を横目で見上げた。半谷恭一《はんやきょういち》裁判長の目が笑っていた。私は、ああ、心証をとったなと確信した。

被告人質問終了後、私は直ちに科警研の筆跡鑑定書を証拠請求した。

翌朝の新聞では、各紙ともこの法廷の攻防を大きく報じたが、検察側に筆跡鑑定という「隠し玉」があったという報道が中心で、それが今後のロッキード事件全体にどう響いていくのかという突っ込んだ記事はほとんどなかった。その中で、M記者の名入りの解説記事「児玉資金の新証拠」には、『ロ事件全体に影響』という文字が躍《おど》っていた。少し長いが、原文の一部を引用する。

「この日の法廷で、この『事実』を検事に突きつけられた時、いつもは雄弁《ゆうべん》な大刀川被告は、一瞬うろたえたように『似ている』『似ている以上言えない。だが、どうしてここに……』とつぶやいた。

さらに検事が、『白紙の領収証や、児玉の印はあるが金額の記載のない領収証などに日付を書いたことはないか』と追い打ちをかけると、大刀川被告は『全くない』と明確に答えた。ここで、実は、大刀川、児玉両被告の逃げ道が完全にふさがれた形になった。大刀川被告にとって、筆跡が同一となると、『何かで白紙の領収証の日付だけ書いた』と逃げる以外に道はなかったからだ。激しい、そして決定的な法廷場面であった。この二通の領収証が大刀川被告の筆跡とすると、児玉被告が領収証作成に関与したことは、もはや動かしがたい事実として固まってしまう。

この『児玉領収証』問題の重要性は、実は児玉ルートだけにとどまらず、丸紅ルート、全日空ルートなど、ロ事件全体に及ぶ。海外からの巨額のロ社資金は、クラッター・元ロ社日本支社長の手にいったん集まり、そこから児玉被告、元首相・田中角栄被告への五億円、全日空ルートへの工作資金と、枝分かれしたとされる。クラッター氏は、資金の流れを、メモに克明《こくめい》に記載していた。

国内で枝分かれするロ社の巨額の対日不正工作資金の中で、児玉被告にかなりの部分が流れたとされるわけだが、この児玉資金の流れを特定することによって、他のルートでの流れも決まる。『児玉領収証』の重要性はここにあり、この日の『新証拠』の持つ意味は大きい」

私は腕時計を外す〝密約〟をしただけで、解説など一切していない。それなのに、このような見事な分析ができるとは！

その後、高澤技官に対する証人尋問が行われ、この筆跡鑑定書が証拠として採用されると、証拠採否決定のため裁判所に提出されていた児玉領収証、クラッターの摘要、外国送金受領証など、本件の重要証拠がすべて正式採用された。そして、コーチャン、クラッターらに対する嘱託証人尋問調書も児玉ルートで真っ先に採用された。

二枚の領収証に残された「昭和」という二文字、それがロッキード事件全ルートの明暗《めいあん》を分ける決定的な分水嶺となった。これを境《さかい》に、事件の流れは検察優位の方向に大きく傾斜《けいしゃ》していった。


今年の六月ごろ、そのX紙M記者と飲む機会があった。もう幹部になっていて、数人の若い記者も一緒だった。

そのときの話が出た。

私は、時計をさりげなく、そっと置いたつもりだった。M記者は、ガチャリと大きな音がしたと言った。速記者は三、四人連れてきていたが、その速記者もみんな大きな音だったと言ったという。立場の相違《そうい》で音も大きく響いたり、小さく響いたりするものらしい。

クライマックス

大刀川の被告人質問が終わった。すでに必要な補充立証も終わり、後は児玉本人の被告人質問を残すだけとなった。

児玉誉士夫。明治四十四年、福島県安達郡本宮町に生まれ、大正七年上京。さまざまな遍歴《へんれき》を経て右翼団体「建国会」に入会し、頭角《とうかく》を現す。政治家暗殺未遂事件等で服役《ふくえき》し、出所後中国に渡る。やがて海軍航空本部嘱託となり、昭和十六年（一九四一年）「児玉機関」を設立。終戦まで上海を本拠に物資調達等の活動に従事したが、終戦後A級戦犯容疑で巣鴨拘置所に収容された。ここで福田太郎と知り合うことになる。昭和二十三年（一九四八年）無罪となって釈放後、銀座四丁目の塚本素山ビルに「児玉事務所」を設立し、各大会社の顧問となる一方、右翼の重鎮《じゅうちん》として政財界ににらみを利《き》かせてきた男。

しかし、ロッキード事件発覚後は、脳梗塞《のうこうそく》の症状が次第に進み、松田昇検事の児玉に対する取調べも自宅の寝室で行わなければならない状態になっていた。

私は、はたして児玉に対する被告人質問が可能かどうかを判断するため、東京女子医大に児玉の主治医を訪ねた。主治医は児玉のカルテやレントゲン写真、検査伝票などを並べて詳しく説明してくれた。

脳梗塞がかなり進行していることは間違いなかった。しかし、判断力や言語能力は失われていないので、主治医立会いの上、相手を興奮させないように静かな雰囲気で行うのであれば、被告人質問は可能である。しかし、主治医がドクターストップを出したら直《す》ぐに中止してもらいたい、と言われた。それを報告書にまとめ、主任検事に報告するとともに担当部の東京地裁刑事第二十五部の半谷恭一裁判長に説明した。こうしてすでに退院し自宅で静養している児玉の臨床被告人質問が行われることになり、裁判官に同行して班長の小林検事、小佐野ルートの丸山検事、それに児玉ルート主任の私が行くことになった。

車で児玉邸の門前《もんぜん》に着くと、紺の制服を着た何人かの若者がさっと寄ってきて、裁判官や検事の車をテキパキと駐車場に案内してくれる。初め警察官かと思ったが、よく見ると制服が違う。ああ、児玉麾下《きか》の右翼の青年たちだなとすぐ分かった。門から玄関までは二〇メートル位あったかと思うが、青年たちは両側にびっしりと並び、口々に「ご苦労さんです」と大きな声で挨拶した。威嚇《いかく》的とか、威圧《いあつ》的という感じは全くなく、むしろきっぱりとしていて礼儀正しいという感じを受けた。

児玉邸に入り、広間のテーブルで待っていると、やがて主治医に付き添われて児玉が入ってきた。

和服に太いステッキを突きながらテーブルに近づき、ゆっくりと着座《ちゃくざ》した。いがぐり頭の、小柄な人物であった。厚ぼったい瞼《まぶた》の下に、底光りのする細い目があった。

私は、主治医にくれぐれも興奮させないようにと注意されていたので、静かに、言葉を選びながら質問した。児玉は、じっと考えながら、ゆっくりと間合《まあ》いをとり、短い言葉で答えた。しかし、なかなかこちらの望むような答えは返ってこなかった。

次に、丸山検事が質問した。児玉が、分からない、というような答えをし、丸山検事が「分からないこと、ないでしょう」と切り返した時だった。児玉は、ステッキで床をドンと突いて、何か大声で怒鳴った。主治医が、あわてて飛んできて、ドクターストップ。

これが児玉に対する最初で最後の被告人質問であった。

実際は、もう児玉から聞かなくても、立証は十分で、被告人質問は児玉の言い分を聞くということに意味があったのだが、児玉はもう細かい事情を相手に正確に伝えられるような心身の状況ではなかったように思う。

しかし、児玉と向かい合っていると、たじたじというか、何かぐっと気押《けお》されるような圧力を感じた。こういう感じを受けた人物は、後にも先にも児玉しかいない。

長すぎた裁判

児玉は、昭和五十九年一月十七日死亡し、刑事訴訟法の規定により公訴棄却《ききゃく》となった。しかし、大刀川に対する外為法違反は有罪となり、その判決書の証拠表示の中に児玉領収証などの証拠が挙示《きょじ》されていて、裁判所がその真正を認定していたことが明らかになっている。最終判決を待たずに小佐野賢治も死に、田中角栄も死んだ。裁判が、あまりにも長くかかりすぎる。

これでいいのだろうか。

フランシス・ベーコンの言葉に、「司法は、それがもっとも新鮮なとき、もっとも芳《かんば》しいものである」というのがある。「裁判の遅延《ちえん》は、裁判の拒否に等しい」とはアメリカの格言《かくげん》である。遅れた正義はもはや正義ではない。

被害者や遺族の怨嗟《えんさ》の眼と国民の厳しい批判の声に眼と耳をふさぎ、「被疑者・被告人の人権保障」だけが刑事訴訟の唯一無二《ゆいいつむに》の理念と思い込み、司法が国民の血税によって運営されているものであることを忘れ、訴訟の遅延などは低次元のこととして意に介さない視野狭窄《きょうさく》な弁護士たちが少なからずいる。司法は頼むに足らずとして国民から見放され、暴力団や総会屋など闇の勢力がのさばり、司法の地盤が確実に沈下《ちんか》して、正に衰亡《すいぼう》の危機に瀕《ひん》しようとしていることや、その責任の一端《いったん》が自分たちのこうした態度にあることが分からないのであろうか。

天の網にかかった男

児玉は、ロッキード社の要請で顧問料に関する基本契約書と、トライスターの売込みに成功した場合の成功報酬に関する修正一号契約書に署名・捺印したこと自体は認めていたが、契約書の作成時期については強く争っていた。

基本契約書の日付は昭和四十四年（一九六九年）一月十五日、修正一号契約書の日付は同年六月一日となっている。しかし、実際に作成されたのはずっと後になってからのことで、それまでは契約書なしに顧問料等の支払いがなされていた。

昭和四十八年二月ごろ、ロ社の会計監査委員会において、契約書の作成なしに児玉に多額の支払いがなされていることは問題だと指摘された。コーチャンは児玉との特殊な関係を説明して抗弁《こうべん》したものの、委員会の納得は得られず、やむを得ず児玉との過去の合意内容を改めて書面化するようクラッターに指示した。児玉に対する説得は難航《なんこう》した。クラッターは、ロッキード社の内部事情を粘《ねば》り強く説明して懇請《こんせい》した結果、児玉も折れ、同年七月ごろ児玉事務所で日付を過去に遡らせたこの基本契約書と修正一号契約書が同時に作成されたのである。

しかし、児玉は否認し、これらの契約書が作成されたのは書面に記載されているとおり昭和四十四年で、それは自分が生まれたのが明治四十四年二月（十八日）であり、そのことと関連して強く印象に残っている、と主張した。

単なる作成日付だけの問題ではなく、この問題は嘱託証人尋問調書の証拠能力と信用性という、この裁判を左右しかねない重大な争点に関連してくる。

弁護人側としては、この尋問調書はコーチャン、クラッターに対して日本側として刑事責任を問わず不起訴にすることを条件として行った証人尋問の結果であるから、利をもって釣るに等しく、刑事裁判の証拠とするにふさわしくないので証拠能力がないとし、また、その証言内容にも不自然不合理な点が多く、信用性に乏《とぼ》しいと主張していた。したがって、もし児玉の主張どおりこの二通の契約書が昭和四十四年当時に作成されたものだとすれば、少なくともこの点に関するコーチャン、クラッターの証言は虚偽だということになりかねず、そうなると、蟻《あり》の一穴《いっけつ》ではないが、このキズが他の点についてまで波及《はきゅう》し、全体として嘱託証人尋問調書の証拠能力や信用性が否定されないとも限らない。

だが私は、隠し玉を二つ用意していた。

二つの隠し玉

一つ目は、この二通の契約書にある児玉の住所である。そこには「東京都世田谷区等々力六―

住居表示がこのように三段に分かれるようになったのは、実は昭和四十五年三月一日からであった。

すなわち、児玉が自分の生年月日に絡めて強く主張する昭和四十四年二月当時には、この表示は存在せず、「等々力六―一二九（六丁目二十九番地）」というのがその当時の住居表示だったのである。つまり児玉は、まだ実施されていない幻の住居表示を前提に強弁していたことになる。

これは、実は起訴当時にも看過《かんか》されていたことである。冒頭陳述書にも、現金の受領場所は新住所表示になっている。しかし、私は児玉邸改築工事に関する捜査の過程で、児玉の私邸と息子夫婦が住んでいる別棟の地番が、以前は同じだったのに、新表示が施行《しこう》されてから二つに分かれたことをすでに探知していたので、児玉の嘘を見抜くことができた。

もう一つは、為替《かわせ》レートの問題である。修正一号契約書の記載の中に、成功報酬額として「一二万米ドル（または三六〇〇万円を超えない同額の円）」という記載がある。その他「六万米ドル（または一八〇〇万円を超えない同額の円）」という記載もある。これは明らかに一ドルを三〇〇円と換算《かんさん》しての金額である。

わが国が一ドル三六〇円の固定相場制から変動相場制に移行したのは昭和四十六年八月二十八日である。もし児玉の主張するとおりこの修正一号契約書が昭和四十四年当時に作成されていたものであるとすれば、一ドルが三六〇円と換算されていなければならないはずである。

石黒副部長に報告したところ、いつも無口な副部長が、

「よく調べたな」

と一言つぶやいた。証拠というやつは、何気《なにげ》ない素顔の裏側に鋭い刃物をくわえた別の顔をもっていることがある、とは先輩検事の言葉であるが、まったくそのとおりだと感じ入った。

児玉領収証の「昭和」の筆跡鑑定に次ぐ隠し玉であったが、論告まで伏《ふ》せておいた。昭和五十六年三月十二日、児玉の論告公判の中でこの事実を明らかにしたところ、その日の夕刊で各紙とも大きく取り上げた。ある新聞は一面トップで〝児玉被告、契約日付ずらす〟と報じた。翌日の朝刊でも、各紙は〝黒幕にも穴があった〟〝ついうっかり新住所〟〝否定していた上乗せ報酬、たった一行で崩れる〟などの見出しで詳細に報道したが、その中でのX紙の「(この新事実は)児玉被告の反論の根拠を一気に突き崩すだけでなく、嘱託証人尋問調書(米国証拠)の信用性をさらに高めることになる」との指摘は、正にわが意を得たものであった。

一ミリが覆したウソ

これは衆議院議員佐藤孝行に関することである。

佐藤議員は、運輸政務次官であった昭和四十七年当時、全日空側から大型ジェット旅客機の

国内幹線導入時期を昭和四十九年以降にするよう運輸大臣通達《つうたつ》に盛り込んでもらいたいなどの請託を受け、その報酬として供与《きょうよ》されるものであることを知りながら、同年十月三十日、衆議院議員会館の自室で、丸紅の秘書課長を介し、全日空側から現金二〇〇万円を受け取り収賄した。これが公訴事実である。

ところが、現金二〇〇万円など受け取った事実はない、そもそも当日は議員会館に行っておらず、丸紅の秘書課長に会ったこともない、と佐藤議員は主張した。

検察官は、秘書課長の検事調書、当日議員会館に行って佐藤に面会し陳情《ちんじょう》したという佐藤の後援会員甲、乙および東京湾フェリー専務理事丙の検事調書、面会票などによって事実は明白だという立場に立っていた。しかし、公判に至《いた》ると、秘書課長は「金を渡した相手の顔は覚えていない」などと供述を後退させ、甲、乙は「議員会館には行ったが、当時佐藤は留守だった」などと証言。わずかに丙だけが検事調書どおり証言した。面会票は、玄関でのいわば受付票で、当人と面会した事実までは証明できない。

当日の行動について、佐藤は、

「午前九時五十分ごろ世田谷の自宅を出て渋谷の写真館へ行き、年末に予想されていた衆議院議員選挙用のポスターを撮影した後、羽田空港に直行して午後零時四十五分発の全日空八七一便に搭乗《とうじょう》して函館に向かった。函館空港から自分の後援会事務所へ行って陳情者の応対などの事務を済ませてから函館市民会館へ向かい、午後六時半ごろ森進一ショーの開演に先立って観客に挨拶した。このような日程だったため、当日は議員会館へ行っておらず、そこで現金を受け取った事実は全くない」

と主張した。

検察官は、冒頭陳述で、

「佐藤は、当日議員会館で全日空の秘書課長から現金を受け取ってから羽田へ行き、午後五時発の全日空八七九便に搭乗して函館空港に到着、同空港から函館市民会館へ直行し、森進一ショー開演予定時間の午後七時にやや遅れ、午後七時十分ないし十五分ごろ観客に挨拶した」

と主張していた。

しかし、公判で思わぬ具体的なアリバイが主張され、捜査段階での供述を後退させる証人も出てきたため、補強の必要が生じた。そこで各ルートの事務官が総がかりで証拠品の点検を実施した結果、函館の佐藤の後援会事務所で押収した証拠品のアルバムの中から、渡辺隆男《わたなべたかお》事務官（現在副検事）が一枚の写真を抜き出した。

そのアルバムには、森進一ショーの情景を撮影した写真が貼《は》られている。渡辺事務官が抜き出した写真は、会場の最前列左端から右端に向けて撮ったキャビネ判のモノクロ（白黒）写真で、左側には壇上《だんじょう》でマイクの前に立っている佐藤議員、右側にはそれを見上げている大勢の聴衆の姿が見える。

その写真のほぼ中央上部に、ぽつんと白く、一～二ミリ角くらいなものが写っている。小さいが、前に述べた航空写真の児玉邸の写真よりは大きい。

渡辺事務官は、

「ひょっとすると会場の時計ではないか」

という。みなで代わる代わる手に取って見たが、判別できない。そこで東京地検採証《さいしょう》課に頼み、この白い点のような部分を拡大してもらうことにした。

フイルムから拡大するのは簡単だが、写真からその一部を拡大するのは大変である。

採証課では苦労したようだが、三～四センチ角くらいまで問題箇所の拡大に成功した。渡辺事務官が直感したとおり、それは正しく時計で、針《はり》は七時十六分を指していた！

こうして午後六時半ごろ聴衆に挨拶したという佐藤の供述は真っ赤な嘘で、佐藤は午後七時十分ないし十五分ころ挨拶したという検察官の主張は、わずか一分オーバーしただけで、はっきりと裏付けられたのである。

採証課の技官が、

「モノクロ写真は粒子《りゅうし》が細かいので拡大できたが、これがカラー写真だったらおそらく不可能だったろう」

とつぶやいていたのを覚えている。

佐藤は愕然《がくぜん》としたであろう。自分が挨拶している写真がモノクロ写真で、そこに会場の時計がポツンと点のように写っており、それが自分の弁解を一気に覆す動かしがたい証拠になろうとは！

佐藤は有罪となり、確定した。

無情な結末

しかし、なぜこんな虚偽の主張までして否認したのであろうか。

田中角栄の五億円と比べれば、わずか二〇〇万円ではないか。事実を認め、直ちに議員を辞職して野に下ったとすれば、国民はむしろその潔《いさぎよ》い態度に打たれ、もともと実力のある人物なので、その後の政治家としての基礎はかえって磐石《ばんじゃく》なものとなったかもしれない。少なくとも、平成九年（一九九七年）九月、佐藤が橋本内閣の閣僚に内定したとき、全国的なブーイングが起こって橋本龍太郎前首相もついに佐藤の入閣を断念《だんねん》するに至ったというような事態にはならなかっただろうと思われる。やはり、田中角栄への断ちがたい遠慮があったのであろうか。

余計なことだが、橋本内閣は、この佐藤の入閣問題を境に凋落《ちょうらく》への坂を転がり始め、それから一度も浮上することなく、翌年の参議院選で自民党惨敗を招き、遂《つい》には辞職に追い込まれてしまうという結果になった。

刑の執行猶予は、その猶予期間を無事経過すれば刑の言渡しは効力を失うという制度であり、刑法の立場である。だから、当時橋本首相がこのことを理由に佐藤の入閣を強く主張したのは、法律的にみれば間違いはないことなのである。しかし、刑法の立場と民意の間には乖離《かいり》がある。天下を揺るがせたロッキード事件で、あのような破廉恥《はれんち》な主張までして罪を免《まぬが》れようとした政治家が閣僚になって自分たちの上に立ち、この国の政治に深く関与しようとすること、その民意を看過《かんか》または無視して強引に入閣を主張する橋本首相の倫理観の無さに対して、国民は激怒したのである。

ただ、これは私個人の直感に過ぎないのだが、佐藤は剛直《ごうちょく》な人物で、こんな幼稚なアリバイ工作を自分で案出《あんしゅつ》できる人物ではなく、彼に知恵を授けた陰の人物がいたような気がしてならない。いずれにせよ、この虚構《きょこう》の事実を強引に主張したのは本人であり、その責任を免れるわけにはいかないことは明らかである。

それにしても、廉潔《れんけつ》性という、政治家にとって最も大切な資質がこんなに無視され、地に落ちた時代が過去にあったであろうか。加えて、これほど参謀《さんぼう》に人を得ない時代があったであろうか。

「田中さん、駄目です。佐藤さん、この際あっさり認めて野に下り、明日を待ちなさい、きっとあなたの時代がまたやって来ます」

と言えるような参謀が誰一人としていなかった。それが田中や佐藤の悲劇でもあった。

司法という世界は、政治権力とは全く異なる理念と波長で動いている世界だということをわきまえず、特に自分の個人的な勢威《せいい》が司法の世界でも通用するかのような幻想で突っ走り、自白して反省の態度を示していたら執行猶予がついてもやむを得ないと一般に納得できる範囲の事件かと思われるのに、捜査段階から黙秘・否認の態度を貫《つらぬ》いて実刑判決を言い渡された政治家がいた。

そういう態度は司法では全く通用しませんと、はっきり諫言《かんげん》できる参謀がなぜいなかったのだろうか。講談の世界になるかもしれないが、劉備玄徳《りゅうびげんとく》における諸葛孔明《しょかつこうめい》、豊臣秀吉《とよとみひでよし》における竹中半兵衛《たけなかはんべえ》や黒田官兵衛《くろだかんべえ》、武田信玄《たけだしんげん》における山本勘助《やまもとかんすけ》のごとき軍師・参謀は、もはや現在の日本の政治家軍団の中に望むべくもないのであろうか。

かつて、東京都知事選に立候補した知名度の高い国際派の文化人が、銭湯《せんとう》に入って客の背中を流す場面がテレビ放映されたことがあった。庶民性をアピールする効果を狙ったものということはよく分かるが、都民が彼に期待していたのはそんな安易な庶民性ではなかったはずである。それを見抜けず、この優れた文化人をピエロにしてしまったのは、いわゆる選挙参謀の中のお笑いタレントの一人と聞いている。そんなお神輿《みこし》にたやすく乗ってしまった文化人も文化人だが、参謀に人を得ない一つの例証《れいしょう》だろう。

「名馬伯楽《はくらく》を得たり」という言葉があるが、今の日本には、名馬も伯楽もいないような気がしてならない。

エピローグ

江戸川は、白い雲と、早春の岸辺の淡い緑を豊かな水面《みなも》に映しながら、ゆっくりと流れていた。

京成電鉄の国府台駅で待ち合わせをしたロッキード班の北島、堀田、土屋、丸山、堤、髙野、池田そして私の八人は、江戸川東岸の土手の芝草を踏みしめながら、川上に向かって散策し、矢切《やぎ》りの渡しから手漕《こ》ぎの舟で対岸に渡った。帝釈天《たいしゃくてん》にお参りした後、尾崎士郎《おざきしろう》描く『人生劇場青春篇』の舞台・流水亭のモデルになった割烹《かっぽう》「川甚」で飲んだ。

幹事の私の独断で、川島部長はもちろん、吉永、石黒の両副部長や班長の小林検事は仲間に入れず、上役を棚上げにした班員八人だけの気楽なハイキングだった。

私は、ときどき両手を上げて背伸びをしたり、道端の小石を拾って江戸川にポチャンと投げ込んだりしながら、のんびりと土手の上を歩いていく七人の背中を見ているうちに思った。ロッキード事件はいずれ終わる。しかし、同じ釜の飯を食った八人の仲間は一生信頼できる親しい仲間としてあり続けることだろう、と。

振り返ると、ロッキード事件当時の苦しかったことはきれいに忘れて、このハイキングのことや、浦安の船宿から屋形船《やかたぶね》に乗り、ハゼ釣りをして天ぷらを食べ、酒を飲んで船で騒《さわ》いだこと、八ヶ岳の山麓《さんろく》で一泊し、下手なゴルフをして遊んだこと、なみなみと酒を満たしたボウルに泰山木の白い大輪の花を沈め、花の香りの染みた酒を杓《ひしゃく》で注いで飲み合ったこと、おばあさんがポツンと一人しかいないバーで、左手をポケットに突っ込み、マイクを持った右手の肩をゆすりながら田端義夫《たばたよしお》の「かえり船」を情感を込めて歌っていた北島さんのこと、「津軽海峡冬景色」が上手で、よく歌っていた堀田さんのこと、歌ならまかせろと、いつも最新の歌を美声で歌っていた丸山さんのこと、武田節しか知らないで、そればかり歌っていた堤さんのこと、高いボーイソプラノで灰田勝彦《はいだかつひこ》の「山の人気者」などハワイアン調の歌を上手に歌っていた池田さんのこと、歌など全く関心がなく、ただ飲み、かつ議論ばかりしていた土屋さんと髙野さん、みんな個性豊かであった。

私は、特捜部の忘年会で、いやがる妻に頼んで作らせたルパシカを着て、毛糸の帽子を被《かぶ》り、森繁久弥《もりしげひさや》の「満洲里小唄《まんちゅうりこうた》」を歌ったら、それが受けて、いつもそればかり歌う羽目になった。

証拠の見方や公判対策などをめぐって激論を戦わせたこともよくあったが、一つの目的の下に結集した仲間同士、友情と信頼が崩れたことは一度もない。私は、ロッキード事件を通じて、一生の宝を得たと思った。

昭和五十六年三月、児玉の論告を終えた後、アラスカのサケ・マス密漁に関する調査という任務を与えられた私は、アメリカ、カナダに出張した。調査の仕事はスムーズに終わり、各地を精力的に回って帰国した。二週間の旅で、スケジュールは在米勤務の長い堀田検事に立ててもらった。要所要所に手を打ってもらっておいたお陰で、単身出張ではあったが不安はなく、貴重な経験をさせてもらった。特にロサンゼルスでは、ロッキード事件発覚の端緒《たんしょ》を提供したアーサー・ヤング会計検査事務所の元職員から、この事件はロッキード社がアジアのある国に支払った使途《しと》不明の一枚の伝票から足がついたのだという話を聞き、やはりアメリカでも天の網というのはあるんだなあと、妙に感心したことを覚えている。

しかし、今は昔。往時茫々《おうじぼうぼう》の感を禁じえない。

結びに代えて

少し理屈っぽいお話をします。辛抱《しんぼう》して読んでください。捜査の着手と終結のタイミングについての話です。捜査を一つの舞台にたとえると、この舞台はいつ幕を上げ、そしていつ幕を下ろすかという問題です。

舞台なら脚本があるので、それに従って進行していけばいいわけですが、捜査という舞台は、いわば筋書《すじが》きのないドラマのようなものです。幕を上げてみないとどう展開するのか分からない。そこで、幕の上げ時、下げ時が常に問題になるのです。私は、昔、ある地方都市の財政に絡《から》む事件を探知しました。仮にA事件とします。この地方都市にはA事件のほかにも同種の事件があるとにらみました。組織のトップとナンバー・ツーらを起訴した後、同種の事件について少なくとも強制捜査する程度の証拠は集めていましたので、上司に捜査着手の決裁を求めたのです。

次席検事までの決裁は通りましたが、検事正はウンと言いません。不満の色を露骨《ろこつ》に示している私に対して、検事正はこう言ったのです。

「君は、あの町を潰《つぶ》そうというのか」

と。

そして、

「あれだけやればもう十分だよ。おそらく幹部以下みな反省して二度と不祥事《ふしょうじ》を起こすようなことはあるまい。捜査の目的はすでに達している」

と言って、遂《つい》にゴーサインは出しませんでした。

若かった私は、何か上から政治的な圧力がかかって、それでストップをかけたのではないかという不満をもちました。これはずっと後になってからのことですが、すでに退官されて久しいその元検事正にお会いしたとき率直にお尋ねしたら、

「昔のことはもう忘れてしまったが、私は検事の時代に政治的な圧力を受けて事件をストップしたり、手心《てごころ》を加えたりしたことは一度もなかったよ」

と、淡々《たんたん》と話しておられました。そのお人柄や官を離れて久しい現在のお立場からも、事実を曲げているとは思われず、長い間の疑問がポロリと落ちた気持ちでした。

捜査の着手の場合は、被疑者の人権保障と証拠隠滅《いんめつ》の防止という観点から極秘裡に内偵《ないてい》を進め、それがある段階に達した時に強制捜査という幕を上げるかどうかを決めるだけですが、いったん幕を上げると、それが当初の見込みや戦略どおりに間違いなく展開することはまずないといってよいでしょう。捜査に着手し、それが大きな広がりを見せた場合には、どこで捜査を終

結させるか、つまり幕を下ろす時期の見極《みきわ》めが非常に難しい。

検察も人的・物的に限りのある組織ですから、一つの事件にばかり集中して関わっているわけにはいきません。鬼の居ぬ間の洗濯ではありませんが、特捜部が或《あ》る事件に没頭《ぼっとう》している間に、別の大きな事件が深く静かに潜行《せんこう》していることも決して珍《めずら》しいことではありません。また、特捜部の捜査の進展を見ながら、次は自分たちのところだなと、あわてて証拠隠滅工作に走る者もいるでしょう。残念ながら、この世の中から事件がなくなることはありません。捜査は、もぐら叩《たた》きのゲームに似ているように思えて、虚《むな》しさを覚えることがしばしばありました。いくら叩いても、もぐらは次々と出て来て、出なくなるということはないのですから。


検察は、ある時期をもっていったん捜査の幕を下ろします。それを潮時《しおどき》だと見るからです。しかし、検察が判断する潮時と、マスコミや関係者が判断する潮時とは往々《おうおう》にして一致せず、幕を下ろすのが早すぎると見れば「政治的圧力があった」と非難し、検察は腰砕けだと誹謗《ひぼう》します。逆に遅すぎると見れば「検察ファッショだ」という声が上がります。一時期吹き荒れた接待汚職などを含む金融関係事件についての捜査への批判は、おおむねこの二つに分かれていることに気付かれるでしょう。

私は、最近の事件については報道でしか知りませんが、「政治的圧力」という非難はおそらく当たっていないと思います。私自身もそういう圧力を経験したことはないし、上司を見ていても政治家の言動などはなからどこ吹く風といった態度です。第一、政治的圧力など考えたら、田中角栄など逮捕できるはずはありません。

それでも、ロッキード事件についてさえ「あの事件では対戦哨戒機《しょうかいき》P3Cオライオンに関する疑惑が最大であったのに検察はなぜかその捜査を打ち切った」などと批判し、あたかもそこに政治的圧力が介在《かいざい》していたかのように評論する立場があります。しかし、P3Cについては捜査を遂《と》げ、犯罪の嫌疑《けんぎ》はなかったと断定しているのです。そのことは本文の中できちんと解説していますので、よく読んでみてほしいと思います。

汚職事件の幕の引き方は非常に難しい。特に接待汚職という形態を考えますと、中央だけでなく、地方にもかなり存在していると見るのが一般の常識でしょう。いわば政・官・財の癒《ゆ》着《ちゃく》という日本の構造的・風土的な問題が伏在《ふくざい》していますので、検察だけではどうしようもありません。したがって、ある時点で捜査の幕をいったん下ろさなければならないのはやむをえません。その時点はいつかというと、検察が自己の体力と社会の諸情勢を冷静に分析した結果「既に刑政の目的を達した」と判断した時点、となろうかと思います。

刑政とは、刑事政策のことで、どういう段階に達した時点で刑政の目的を達したと判断するかというと、私の考えでは「そのような行為をすると被疑者・被告人という厳しい立場に立たされ、どう考えても間尺《ましゃく》に合わないということが一般に浸透し、犯罪抑止に一定の効果があったと認められる時」ということになります。これが幕を下ろす潮時と考えてよいかと思います。ただ、この潮時をめぐっても、「まだ早い」という立場と「遅すぎる」という立場があり、いずれが正しいかは判断の難しいところです。私は、どちらに軍配を上げたらよいのか実はよく分かりません。そこで、私がこれまで自分の判断の尺度としてきたことをお話して、あとは読者のご判断にまかせ、この物語の締《し》めくくりにしたいと思います。

私が早稲田の学生だったころ、哲学の先生から弁証法《べんしょうほう》という講義を受けました。難しくてよく理解できませんでしたが、その中で覚えているのは、国家と正義に関して三つの立場があるという説明でした。

甲説は「たとえ国家が亡びようとも正義は行われるべきだ」という立場、乙説は「国家があってこその正義であり、国家が亡びて何の正義ぞ。正義は正に国家が繁栄するために行われるべきだ」という立場、丙説は「国家の維持・繁栄と正義の実現は対立せず、矛盾しない。両者は両立し、また両立させなければならない」という立場です。これが正・反・合という弁証法の考え方だと、私の記憶に染《し》みついていました。

三説をごく単純に図式的に当てはめてみると、犯罪は細大漏《さいだいも》らさず徹底的に捜査してすべて処罰せよ、そのために国家の威信《いしん》が地に落ち、行政への国民の信頼が失われ、幹部・指導者は自信を喪失《そうしつ》し、国家・行政の機能が麻痺《まひ》して国民生活にいかなる影響が出ても意に介する必要は全くないとするのが甲説。これに対して、国家・行政が正しく機能してこそはじめて国民生活の安定が図られるものであり、それを破壊し、または破壊する重大な危険を冒して何が正義の実現か、というのが乙説。最後に、国家と正義はそもそも対立相剋《そうこく》する関係にあるものではなく、国民の安全と幸福のための機構とそれをどのように機能させていくべきかという理念、つまりハードとソフトの関係にある、いずれが失われても国民生活の安定は実現できない、というのが丙説のように思われます。

私は、甲説はカントの考え方、乙説はフィヒテの考え方、丙説はヘーゲルの考え方とばかり思い込んでいたのですが、この稿をまとめるに当たって念のため尊敬する新進気鋭の哲学者、国立長野工業高等専門学校教授・文学博士中村博雄《なかむらひろお》氏に確認してもらったところ、どうもそうではなく、カントがその著作の中で取り上げた神聖ローマ帝国皇帝フェルディナント一世の名句、「正義は行われよ。たとえ世界が滅ぶとも」を踏み台として、ヘーゲルが自らの議論を展開しているもののようです、とのご指摘をいただきました。自分の記憶がいかにあやふやなものかと反省したのですが、中村博士は、誰の立場かの詮索《せんさく》は別として、こういう三説の対置は物事を判断する上で極めて有用である、と敬服《けいふく》しておられましたから、私の記憶違いも或《あ》いは瓢簞《ひょうたん》から駒《こま》といったところでしょうか。

最後に二点だけ追記しておきます。

一つは、実名と仮名の使い分けの点です。①有罪が確定している政治家、②死亡による公訴棄却により有罪こそ確定していないが、起訴事実や冒頭陳述、その後の長い公判経過によってその起訴事実と実名が公知《こうち》となっている政・財界で著名な被告人、③まだ公判係属中だが、社会の耳目《じもく》を聳動《しょうどう》させた特異重大事件で、起訴状や冒頭陳述及び共犯者の確定判決の内容などによって容疑の内容や実名が公知となっており、仮名を用いるのはかえって不自然であると認められる事件の被告人については実名で、それ以外の被告人については仮名で表示することにしました。

もう一つは、この本が出版されるに到った端緒《たんしょ》についてです。

私は、検事を退職した後、先輩の勧めにより東京・新宿の朝日カルチャーセンターで毎週一回、「刑事法講座」を担当し、事件の話を中心にした講義を十回ほど続けたのですが、その受講生の中に、東京法令出版の小関智子《こせきともこ》さんという若い編集者がおられました。

講座終了後、その小関さんから、自分が編集に関与している警察官向けの月刊誌『捜査研究』に、先生がこの講座で取り上げた事件など、捜査の参考になるような記事の連載をお願いしたいという強い要請を受け、平成八年（一九九六年）四月から平成十年三月までの二年間、『捜査研究』誌上に「回想の中できらめく事件たち」というタイトルで連載したのです。この連載は、私が新任検事として札幌に赴任してから退職するまでに遭遇《そうぐう》した事件を中心に、検事の哀歓《あいかん》など、さまざまな人間模様を織《お》りまぜながら回想記風にまとめたもので、いわば捜査の参考資料プラス自分史というような性格のものです。

この『捜査研究』の連載をベースにしながらも、全く新しい構想で書き下ろしたのがこの本です。連載では、時の流れに従って、いわば時系列的に並べられていた事件が、この本では、「人はなぜ犯罪を犯してしまうのか」というメインテーマの下に、事項別的にまとめられているほか、連載では取り上げていなかった事件やエピソードなども数多く収められております。

小関さんは、すでに退社され、この本が出版されるころには幸せな結婚をされていることでしょう。小関さんが朝日カルチャーセンターで私の講座を受講してくれなかったとしたら『捜査研究』への連載はなく、従って本書が単行本として世に出ることはなかったでしょう。私が手にする最初の一冊は、小関さんへの感謝の気持ちと、ご結婚のプレゼントとしてお贈りしたいと思っています。

さまざまなご縁と数多くの人々の温かいご支援、ご協力により出版されたこの本が、大勢の方々に購読され、一般に余り知られることのない、それゆえ何かと誤解の多い検察とその周辺の世界の理解に役立つことができれば、著者としてこれに過ぎる喜びはありません。

講談社生活文化局局次長兼第三出版部長丸木明博氏と編集担当の横山三代子さん、村上誠さんには、構成に始まって細部にわたるまで懇切丁寧なご指導ご助言をいただきました。

加えて、ロッキード事件の捜査・公判当時から先輩検事として温かいご指導をいただいた尊敬する先輩、元東京地検特捜部副部長検事・堀田力氏（現在弁護士・財団法人さわやか福祉財団理事長）から身に余るご推薦のお言葉を頂戴致しました。

ここに、謹んで厚く御礼を申し上げます。

【捜査官への遺言】

人を取り調べるということ

はじめに

私は、平成七年（一九九五年）に検事を退職し、現在、公証人をしています。

今日は、捜査を担当する皆さんへということで、つたないお話をさせていただきます。

捜査というのは、犯人を確定し、証拠を収集する活動をいうわけですが、その活動の中で一番難しいのは被疑者の取調べです。この分野にはマニュアルというものがないので、結局は自分で工夫していくしかありません。その工夫のお手伝いをするというのが今日の講話の目的です。

事件の真相を知っているのは犯人だけです。

犯人としては、それを知られたら刑罰に処せられるという立場にあります。だから否認したり黙秘したりするのは当たり前のことです。いわば人間の防御本能です。捜査官としては、けしからんなどと腹を立ててはいけません。人はそういうものだ、まして被疑者の立場ではやむを得ないのだと受け入れることから取調べは始まるのです。

第一　取調べの根拠と必要性

取調べという捜査活動については、一部の学者や弁護士の間に誤解や偏見があるように思います。例えば、捜査官と被疑者は対等の当事者ではないか、一方の当事者がどうして他方の当事者を取り調べられるのか、そんなことできるはずがない、などという考え方です。しかし、六法全書をよく見てください。刑事訴訟法第一九八条第一項本文は「検察官、検察事務官又は司法警察職員は、犯罪の捜査をするについて必要があるときは、被疑者の出頭を求め、これを取り調べることができる。」と規定して、被疑者の取調べを認めています。

もっとも被疑者には黙秘権がありますから、取調べに応じて供述する義務はありません。しかし捜査官は被疑者に対して真実を述べるよう説得することができる。その説得ができるかどうか、説得によって真実を述べさせることができるかどうか、これが取調べの核心です。説得と強制は違います。供述は任意になされることがポイントで、そこを踏み違えると、たとえ真実な供述であっても証拠として採用されません。注意すべき点です。

ところで被疑者の取調べはなぜ必要なのでしょうか。

人を殺すと殺人罪になり、死刑、無期もしくは三年以上の懲役に処せられますが（刑法第一九九条）、例えばAがBを死亡させたという事実が認められたとします。その事実から直ちに殺人だと認定できますか。

Aがふざけて棒を振り下ろしたところ当たり所が悪くてBが死亡したというのが真相だとしたら、過失致死でしょう。交通事故で人をはね死亡させたという場合は、故意がないかぎり業務上過失致死でしょうね。殴るつもりはあったが死亡させるつもりはなかったというのが真実だとしたら傷害致死です。車を運転していたらBが自殺する意思でいきなり飛び込んできたという場合はAに何か犯罪が成立しますか。たぶん成立しないでしょうね。無罪です。殺人罪が成立するには殺意、つまり故意が必要です。故意がなければ殺人罪にはなりません。では故意の有無はどうやって確定するのか。それは取調べによるしかないでしょう。内心の状態なので、被疑者本人から本当のところを聞き出すしかありません。

故意ばかりではありません。日本の刑法には、英米法と違って、犯罪構成要件に主観的な要素が非常に多い。「行使の目的」がなければ、通貨偽造罪も文書偽造罪も成立しません。「営利の目的」がなければ営利誘拐罪は成立しません。もし被疑者の取調べが許されないものだとしたら、こうした主観的要素は十分に解明できないことになります。

被疑者の取調べは、刑罰の機能との関係からも重要です。刑罰の機能の一つに、犯人に自分の犯した行為について反省悔悟させ、二度と再び罪を犯すことのないようにさせるという機能があります。※

否認をそのまま放置したらどうなるか。それが通用すると思ったら被疑者はまた罪を犯すことになるでしょう。それでは犯罪の予防という目的は達成できないし、犯人もますます犯罪の深みにはまって社会復帰は不可能になってしまうでしょう。取調べというのは、犯人が自分の犯した罪を償って過去の自分から脱却するために手を貸すという刑事政策的な面があるのです。犯人の更正は反省が前提だし、反省は自白が前提です。自白は心を込めた取調べによって得られるものです。

被害者や遺族にとっても、犯人が自己の非を認め深く反省しているということがせめてものなぐさめ、慰謝になるのではないでしょうか。逆に言うと、犯人から一言の詫びの言葉もなかったという被害者や遺族の場合、犯人へのうらみや憎しみはいやされず、つのるばかりだと思うのです。

それでは具体的な問題に入っていくことにします。

※**贖罪《しょくざい》的機能**　刑罰は、受刑者自身にとって、一定の法益をはく奪される（例えば懲役では自由という法益をはく奪される）という苦痛を受けることによって自己の犯した罪をつぐない、過去の自分から脱却するという自己改善の手段ないし過程としての機能をもっているとする考え方。

第二　取調べのための環境整備・態勢

1　机の配置・取調べの基本姿勢

○　取調室の机の配置は鉤の手がベスト

身近な問題、机の配置・取調べの基本姿勢からお話ししましょう。検察庁における取調室の机の配置というのは鉤《かぎ》の手と大体決まっています。検察官（検事・副検事）の机が正面、その右又は左が事務官の机です。検察官の背中に窓がある。これはどこでもほとんど変わっていないと思いますが、なぜこのような構成となっているのか。この構成を先輩方は、「日輪を背にして正対する」と言います。日輪といっても、実際には窓を背にするというだけで、北側が窓でもいいのです。窓を背に、相手を正面に座らせて正対する、正しく向き合って座るのです。こう座ると相手の表情がよく分かります。目の動きから心の動きまで分かるような位置関係になります。

この配置には、警備というか、自殺防止の意味もあります。

私が東京地検に勤務していたころの話ですが、大がかりな贈収賄事件があって、ある重要参考人を取り調べていた検察官が、上司への報告か何かで席を立った。その参考人は、正面にいた検察官の姿が見えなくなった途端、空席となった目の前の机を乗り越えて、窓に頭から突っ込み、死のダイビングをしました。当時は冷房もなく、窓を開けて取調べをしていたようです。事務官があわてて飛びついたが、足をつかむのがやっとで、支えきれず、参考人は五階のその取調室から落下して即死しました。取調室の窓辺には自殺した参考人の靴が片方落ちていたということでした。

被疑者や重要参考人に自殺されたら、捜査はそれでおしまいということにもなりかねないのです。自殺する本人や家族にとっても、こんな不幸なことはありません。

机の位置を鉤の手にして、検察官が席につくと、被疑者にしてみれば、窓と自分の間には検察官と机、左右は壁で、そのどちら側かに事務官、後ろには、身柄事件なら警察官がいるので、逃亡も自殺もできない構造になっています。

私がまだ若い検察官のときのことですが、ある検察官が、検察官と事務官は共同関係なのだからということで、検察官の机と事務官の机を横一線に並べたのです。これは、警備の上からは問題のある配置です。調べている相手の右側か左側は窓になるので、取調べ中でも死のダイビングを防ぐことができません。一階だったら逃亡の危険もあります。実際、逃亡されたこともあります。ですから取調室というのは、検察官が窓を背にし、事務官が脇に座るという鉤の手型がベストなのです。

○正面は対決、斜めはセールス、横はアベックの席

「正面は対決、斜めはセールス、横はアベックの席」と言われています。正面は対決の雰囲気になり、斜めに座るほうがリラックスして話しやすい。セールスマンは、お客さんの斜めに座る。これはお客さんに圧迫感を与えない、話しやすい姿勢なんです。お見合いの場合でも、ベテランの仲人は、二人を正対させない、斜めに座らせる。これでぐっと雰囲気が柔らかくなる。横に座ると、もっと柔らかな雰囲気になるのです。公園のベンチで並んで座っているアベックの姿を想像してごらんなさい。

並んで座ると非常に親しい関係になる。
政治家はこういう演出をします。テレビでよく見るでしょう。外国の政府要人と日本の政府高官が対話するときは、大抵こういう座り方になる。握手も大切な演出効果です。こうすると非常に親しい、話しやすい雰囲気になるものです。

○取調べの基本は、被疑者と正対し、取調べ一点に集中させることがポイント

友人と一緒に空《す》いた電車に乗ったと思ってください。ベンチ式の座席で、残念ながら二人で横に並んで座れる席がない。そこで相対する席に座る。間に人が立っていない。広い空間を隔てて正面に向き合う形になる。すると目を何処にやっていいか分からない。もぞもぞして落ち着かない。何か、とても気まずいような空気になる。それに耐えられなくなって、どちらかが席を立って、相手の前に立ち、つり革につかまって話をするような光景も見られます。

正対するということは大変居心地が悪い。何か対決するような雰囲気になる。しかし、取調べとなると、居心地の悪さというのもお互い必要なのです。取調室は気楽におしゃべりを楽しむサロンではないのですから（笑い）。

○「吟味の口伝」から

ご存じのように昔は身分社会だったから、親が与力なら子供も与力になる。同心なら同

心と、代々家業が引き継がれていくわけです。与力というのは、奉行の下で事件の捜査を束ねる役職です。東京地検でいえば刑事部長といったところでしょうか。江戸町奉行与力が子孫に残した「吟味の口伝」という資料が残っていて、「研修」誌で紹介されています。※

※法務総合研究所発行第五五一号

この資料を引用しながらお話しするのですけれども、口伝には、まず最初に「囚人の顔を見詰めて吟味するが肝要に候」と書いてあります。大岡越前守とか遠山金四郎とかそういうえらい人が書いたものではない。口伝には著者名も載っていません。名もなき与力が家業の与力を継ぐ子に、人を吟味する、つまり取調べをするときの心得として残したものです。

我々は、江戸時代の与力や同心はみんな罪人を拷問してたんじゃないかと思うけれど、必ずしもそうではなかったようです。

私が法務総合研究所の教官をしていた当時、書庫の中で見付けた江戸時代の仕置集の中に、こんな事件がありました。詳しい内容は忘れましたが、竹槍が凶器の事件でした。被害者は竹槍で腹を刺されて死んでいて、捕まった男はオレはやっていないと否認している。いろいろ調べたが、なかなか白状しない。与力、同心はその男の行動範囲を徹底的に探索します。そして凶器の竹槍、これは竹をスパッと斜めに切ったものですが、男の住んでいる裏山の竹藪の中から凶器の切り口と同じ切り口の竹を発見し、それを突きつけたところ、男は観念して犯行を認めたという事件でした。物的な証拠を丹念に探し回るという点など、現在の犯罪捜査にも立派に通じますね。

横道にそれましたが、被疑者と正対し、その目を見詰め、一挙手一投足を注視し、その心の動きを探りながら、機を逃さずに真相の供述を迫る。これこそが取調べの基本だと、この「吟味の口伝」の解説者、池田茂穂元研修第二部長は述べています。

○ 2 整理・整頓・静粛

相手の気を散らす物を置いたり貼ったりしない

相手の気を散らすような物を机の上に置いたり、壁に貼ったり、身に付けることはやめるべきです。取調べに集中させるためです。カレンダーなんかでも、絵柄の入っていないものがいい。法曹会発行のカレンダーがあるでしょう、味も素っ気もない。ああいうのが一番いいのです。間違えても、水着の写真など載っているようなカレンダーはダメですよ(笑い)。

女性の捜査官の場合、指輪やネックレス、服装なんかにも気を付けなければいけません。指輪をしている指を見て、この検察官はまだ結婚していないなぁとか、いくつぐらいかなぁとか、取調べ以外のことに注意を向けさせたりしますから。

最近は女性の捜査官も増えてきたので注意しておきますが、女性はアクセサリーなんか一点も身に付けず、化粧のない素顔で、口数が少ない、服装も紺かグレーのスーツ、そういうスタイルが取調べにはいいのです。そのほうが凄みというか、迫力がある。だいいち、被疑者相手におしゃれしても始まらないでしょう（笑い）。

○話し上手より聞き上手に

これは被疑者の取調べに限らないのですが、人と人とのコミュニケーションで大切なのは会話力だと思うんです。会話力というのは話す能力と聞く能力、答える能力のミックスしたようなものと考えていますが、一番大切なのは聞く能力です。よく自分のことばかりしゃべって相手の話なんか上《うわ》の空という人がいるでしょう。こういう人はいつの間にか相手にされなくなります。

調書というのは相手から聞き取った内容をまとめるものですから、捜査官にとって大切なのは何といっても聞く能力です。

むずかしいことではありません。話しやすい雰囲気にして、おだやかに話しかける、これが基本です。そして話をうながす。話し始めたら腰を折らない。話がまったく別の方向に行っても「そんなこと聞いているんじゃない」などと言わず「そのことは後で聞かせてもらうとして」と上手に軌道修正する。まどろっこしい話でも、ウン、ウンと相槌を打ちながら耳を傾ける。話が途切れたら「それから」とか「それで」と言って先をうながす。

こうすると相手は自分の話を真剣に聞いてくれていると感じるようになります。犯行を認める供述をした場合には、非難したい気持ちを抑えて「そこがまずかったんだよなぁ」とか、相手に共感を示す言葉をかけて核心に迫る質問を繰り出していく。こうした呼吸が大切のように思います。

被疑者の多くは、自分のことなんかまともに相手にしてくれる奴はいないと世間にすねているので、真剣に聞いてくれる人に出会うと、少しずつ心を開いてくるものなのです。もう一つ大切なことは、相手の話をまとめながら続けるということです。あっちへとんだり、こっちへとんだりする相手の話を「つまり、こういうことだな」とまとめる。そうじゃなくてこうだ、と言ったら「こういうことか」とまとめる。そして先に進む。このことは、調書にするとき役に立つし、相手は自分の話を理解しようとしていると信頼するので、取調べが進むのです。

うなづく、うながす、まとめる、このことを身につけたら立派な聞き上手、取調べ上手になります。

最近は、パソコン時代で、携帯とかメールとか、間に機械を隔てての会話が多くなって、対話力、会話力が落ちてきていると言われていますが、取調べという世界は人間対人間の対話力で勝負が決まると言ってもいいので、どうかこういうマンパワーの向上に努めてください。

何か会話教室みたいな話になってきました（笑い）。軌道修正します。

○明鏡止水の心で被疑者と対すること

明鏡止水《めいきょうしすい》というのは、広辞苑によると、邪念がなく、静かに澄んだ心境ということです。机に端然と座し、明鏡止水の心境で被疑者を待つ。どんな被疑者が入って来るかな、否認されたらやばいな、怖いな、などと恐れる必要は全くない。ライオンやトラが入って来るわけではありません（笑い）。

取調べを始める上で一番大切なことは、被疑者に対して、けしからん野郎だとか、厳しくとっちめてやろうなどという気持ちは絶対に持たないことです。必ず相手は反発して敵意を抱き、いい取調べはできない。マスコミではクロだと騒いでいるけれど、本人がやったかどうかは俺が調べる、わたしが調べる、という気持ちで、先入観を持たないで取調べを始めることが大切です。

吟味の口伝にも「罪を憎み人を憎まず」、「愛憎の念を去り、明鏡の如く心を澄ませて行うべきこと」とあります。

敵意を露《あら》わにしたり、先入観を持っては駄目です。この取調官は自分の話をまともに聞いてくれる人じゃないなと感じさせたら、相手は決して心を開いてはくれません。

第三　取調べの準備・計画

1　記録の精査

○　身上・経歴・家族関係の部分にその人を理解し、その人の心の扉を開かせるカギが潜んでいる

記録の読み方についてですが、特に身上・経歴・家族関係の部分は、その人間を理解する、その人の心の扉を開かせるカギが潜んでいるので、重視しなければなりません。警察の調書は身上部分に相当力を入れています。よく読んで、被疑者の人物、生い立ち、性格、前科・前歴関係のあらましを把握することが取調べの第一歩です。自分が勤務した土地の生まれだったとしたら、そのあたりから入るのもいいでしょうね。

どんな切り口からコミュニケーションをとっていくか、そのあたりですかね。

○　確信が持てないと取調べに迷いが生じる

いかに否認していても、その被疑者の犯行であることは間違いないと、そう確信できなければ調べなんかできません。どうかな？　なんて思っているときに否認されたら、そうかな？　と思ってしまう。だから記録をよく読まなくちゃいけない。平凡な言い方だけど、記録・証拠の精査ということ、これが大切です。確信が持てないと取調べに迷いが生じて

腰が引けてしまうんです。

2 周辺捜査の徹底

周辺捜査の徹底についてですけれども、記録を読むだけでなく、記録が不十分と思われるときは、確信が持てるまで必要な補充捜査を実施すること、そしてその結果を取調べに活用することが大切です。吉展《よしのぶ》ちゃん事件では、犯人から脅迫電話があった日に日暮里で火事があったこと、それを山手線の電車の窓から見たと被疑者小原保が何気なく口走ったことが、当日は福島にいたという小原のアリバイを覆す決め手になったということです。※

※吉展ちゃん事件　昭和三八年、東京都台東区で発生した村越吉展ちゃん（当時四歳）誘拐殺人事件。死刑。

○「青・青」主張の事件の場合

例えば、交差点事故の捜査で、お互いに自分の対面信号が青だったと主張する「青・青」事件では、その前の通過してきた信号のサイクルはどうであったか、また、その前の前の信号のサイクルはどうであったか、時速何キロで走行して来たのか、そうするとこの信号が「青」だったという主張は計算上おかしい、「赤」であるはずだとかね。

ですから、遡ってその周辺まで広くとらえていくと物事がよく見えてきます。

検察官も現場に行って周囲の状況を見てくることも必要な場合があると思います。

現場に立つと、例えば見通しの状況など、実況見分調書の図面と現場の状況とが合致しているかどうかなどが、よく分かります。

○　酩酊否認の場合

酩酊否認の場合でも、その人の日ごろの酒癖などは家族とか会社の同僚なんかはよく知ってるんです。酒癖が悪い人物であれば特によく知ってる。案外盲点なのは酒を飲んだときの飲み屋の調べです。なじみの飲み屋は、この人はどういうお客さんか、これ以上飲ませたらどうなっちゃうか、案外知っているもんです。実際に行きつけの飲み屋の取調べをしてみると、意外とその人の酒を飲んだときの状況がよく分かるものです。そういう周辺捜査をしてみて、これは酔っていて分からないということはない、と確信できれば追及していけるんです。

対象だけに絞って調べをするのではなく、その周辺まで捜査の網を広げて調べていくと、真実が自ら浮かび上がってくるという面があります。

3　尋問方法の吟味

○　一の矢のみではダメ

質問、取調べ方法の組み立て方ということですけれど、否認を破るためには、こう聞いたらこう言うだろう、そうしたら次にこう質問する、すると多分これとこれとこれの答えが返ってくるだろうと。一の矢では当たらないことを予測し、二の矢、三の矢を用意しておく。矢は多いほどいい。一の矢で当たらなければ「あっそう」でおしまいではいけません。国会答弁や株主総会などではスタッフが想定問答集を作っておくそうです。これは受け身の立場ですが、捜査官は攻める立場で質問の矢を揃えておくとよいのです。

ただ、矢を用意する、揃えるといっても、記録を読み込み、周辺捜査を徹底することが前提で、これができていないと、鋭い矢は揃えられません。口先の論理だけではもちません。

第四　取調べの態度・姿勢

1　言動に注意

○　粗暴・下品な言辞を弄してはならない

取調べの態度・姿勢についてですが、これは非常に重要なことです。特に言動に注意すること。相手をバカにするような言動や粗野なことばを使ってはなりません。

「吟味の口伝」には「雑人《ぞうにん》といえども罵倒誹謗《ばとうひぼう》の語気を以て吟味すまじく候」、「罵倒雑《ぞう》言《ごん》の語気を以て吟味すまじく候」と書いてあります。雑人というのは、とるに足らない人間という、まあごく普通の庶民という意味であります。当時の言葉で言えば、車夫、馬丁、人足の類《たぐい》の人間、そういう人たちに対しても、口汚く罵《ののし》り、悪《あ》し様に誹謗するような、そういう口調・語気で取調べをしてはならないということを言っているのです。相手の反発を生むだけであって、百害あって一利なしということになる。私が、もしそういう調べを受ける立場だったとしたら、こんな奴にだれがしゃべるもんかと思いますよ。

「吟味は、我《わが》職掌の範囲を守り、威厳を失うことなく行わねばならぬ。罵言雑言を以て、彼の相手になりて中《もうしあらそ》争う体《てい》になるは甚だ拙《まず》し」と、口伝にあります。

「彼れ我を敵視致して此方《こなた》を恨み候《そうろうよう》様になすべからず候」ともあります。

これは相手が吟味方を敵視するようになったらおしまいだと、取調べもヘチマもあったもんじゃないと、こういうことですね。相手が「この人なら自分の気持ちを分かってくれる。」という信頼がなければ、人間なんて自分の不利なことはしゃべりません。否認してけしからんという前に、自分が相手の人間に対してなすべき接し方をきちんとしているのか、そういったことをまず反省しなければならないと思います。

○「太陽と風神」の話

「太陽と風神」の話がありますよね。ご存知のように、どっちが先に旅人の衣を脱がせることができるかと競争して、風神がどんなに強い風を吹いても、旅人はますます衣を固くして脱ぐことはなかった。太陽はただニコニコと照らしているだけで、暑くなった旅人は自然と衣を脱いだという話ですけれども、これは非常に含蓄のある寓話だと思うのです。

まあ、取調べですから、いつもニコニコお日様マークでいいというわけではないんです（笑い）。やはり厳しく追及する、嘘や言い逃れは絶対許さない。これはお前さん、あんたのためなんだよと、こういう気持ちで当たるといいんですね。相手の受け方が全然違ってきます。吟味の口伝にもありますが、「慈悲の心自然と彼の心に感じ、責められながらも余儀なしと思わしむるが専一に候」と、これがポイントだと思うのです。つまり、嘘を言って言い逃れをしようとしても、また、一時は言い逃れができるかもしれないけれど、結局、長い人生、自分のためにならないなと思わせる、悟らせる、そこが取調べの基本だろうと思います。

○ 相手の人生を惜しむ気持ちの大切さ

人を調べるときは、「悪い奴だ、けしからん、社会の敵だ」というふうに思うよりも、「どこかで階段を踏み間違えた哀れな人間なんだな」と、相手の人生を惜しむ気持ち、これが取調官に一番大切な資質ではないかと思います。相手の人生を惜しむ心のない人に捜査官は務まらないと私は常々思っているのです。泥沼に落ちた人間に手を貸して救いあげる、一言で言うと刑事政策的配慮というか、そういうことになるんですけれど、そういった基本的な姿勢が必要ではなかろうかと思うのです。

こんなことがありました。

ベテランの検事がどうしても割れない事件を司法修習生が割ったというケースで、その修習生は被疑者に「君と僕とではどこが違うのかというと、二人とも橋の欄干の上を歩いていて落ちそうになり、僕は必死に欄干にしがみついて落ちないようにしたんだが、君は不幸にも欄干を踏み外して川の中に落ちてしまった。それだけの相違なんだよ。人間は、誰でも法という狭い欄干の上をサーカスのように綱渡りしているようなもので、調べる方も調べられる方も、本質的には変わりはないんだ」と言ったそうです。その被疑者は、しばらくじっと考えていたそうですが、やがて全部自白したということです。修習生は岩崎茂雄といって、いま前橋で弁護士をしています。

○　鐘と撞木の関係

追及は厳しく、言動は温かく・優しくというのが理想であります。

例えば、前科の有無とか中身を聞く場合でも、「前科は」と聞くより、「前に処罰を受けたことはあるの？」、「どんな件だった？」というふうな言い方をすると、受けるときの気持ちが違ってくるんだね。「本籍は、出生地は」というよりも「生まれた所はどこ？そうすると本籍地は生まれた所と同じか？」とかね。優しい口調で入っていく方がいい。鐘《かね》というのはね、強く打てば強く響く、弱く打てば弱く響くでしょ。朝、例えば守衛さんが「おはようございます」と大きい声で言えば、こっちも反射的に「おはようございます」と大きい声で言うし、何も言わなきゃ何も言わない。小さな声ならこっちも小さな声で「おはよう」と言うでしょ。人間というのは、ちょうど鐘と撞木《しゅもく》の関係で、大きく打てば大きく響く、小さく打てば小さく響く、厳しく打てば厳しく答えが返ってくるのです。

前科や出生地、本籍、身上関係をおだやかに尋ねてから、「今回の件なんだけれども」と本題に入る。被疑事実もただ読むのではなく、解説を加えながら、「いいか、よく聞くのだよ」と、「○月○日××を騙取した、つまり騙し取った、騙して物を取ったということなんだけど、どうなんだ？」と本論に入っていくのです。

○ 押し問答と水掛け論は、百害あって一利なし

それから、押し問答と水掛け論は、百害あって一利なしです。「嘘をつくな！」、「嘘じゃありません」、「本当のことを言え！」、「本当のことです」、「馬鹿なことを言うな！」、「馬鹿なことではありません」などと、いくらやってもしょうがありません。一の矢しか用意してないで、二の矢、三の矢を用意していないからこういうことになるのです。そういう時は、仕方がないから取調べはそこで打ち切るんです、時間もないし、無駄だから。そしてじっくりと二の矢、三の矢を考えるんだね。

2　自白の保全

自白したら、それが後で覆されないように保全することが必要です。上申書を書かせるのも一つの工夫でしょう。「私は、これこれのことをしました」と、ごく簡単にでいいから自筆で書いてもらう。それから犯行場所その他ポイントになる地点の図面を書かせ、一呼吸おいてから調書を作成するのです。

ときには録音やビデオを利用することが必要なこともあります。

自分の息子が親の犯罪を暴露するタレコミで始まった事件がありました。自白に苦労した事件ですが、タレコミした息子が後で「あれはウソでした」なんて、供述をひっくり返したら大変ですから、参考人の供述を録音した経験があります。※

※本文七九頁「**苦悩する息子**」のタレコミ内容について録音

録音やビデオは、必ず編集したという主張が出ます。都合のいいとこだけ取った、編集前のものを出せ、というような主張です。私は、この事件のとき机に、昔ですから大型の録音機を置いて、「これから録音しますが、いいですか」と尋ね、いいですという返事を得てからスイッチを入れ、「今日は何年の何月何日ですか」、「ここはどこですか」、「この部屋の時計でいま何時何分ですか」というような質問をして答えさせ、供述が終わるとき「いま何時何分ですか」と聞いてスイッチを切りました。こうしておくと、録音開始時間と終了時間がはっきりしますので、編集したというような反論は出ません。そういう反論が出たら、録音のスイッチを入れて切るまでの時間を測ればいいわけです。

それから、千葉大チフス事件では8ミリフィルムで犯行実現状況、例えばバナナにチフス菌をさす場面などが撮影されていました。全部で五分間位のものだったけれど、後で自白に任意性があることの有力な証拠となりました。微妙な事件については、犯行再現ビデオの必要もあろうかと思います。

これから録音やビデオの活用が増えてくると思います。生の声より映像の方がリアルでよいという反面、これがすべての取調べに必要だとなってくると、ロスが多くなって現実的じゃないと思いますね。争点となっている肝心な点だけでいいわけですが、その前後の関係が必要だとなると、結局は録音なりビデオの全部を再生しなくてはならないことになる。全録音、全ビデオとなると大変です。取調べなんかは「それでどうしたんだ」と聞いて、相手が黙っていると、時間だけどんどん進んでいくということになり、それが二時間、三時間になったら大変でしょうね。裁判所は証拠調べで、そういう中身のない空白の録音やビデオを延々と聞いていなくてはならないことになる。極端な話ですけど。

ただ、もっと根本的には、すべて録音、ビデオでということになると、日本人は一般にそういう写される、録音されるという場面に慣れていないので、捜査官も被疑者、参考人もぎこちなくなってしまうんじゃないか。「あなたは、そこでどうしましたか」「きちんとおっしゃってください」なんて、普段は使わないような質問になったりして……。これじゃあ取調べにならないような気がします。ま、これも慣れでしょうから、あまり取り越し苦労する必要はないのかもしれませんね。

第五　虚偽の自白や縮減自白に注意

1　虚栄心やハクをつけるために虚偽の自白をする者がいるので引っ掛からないよう警戒

ヤクザの事件に多いのですが、ハクをつけるために虚偽の自白をする者がいるので、それに引っ掛からないよう注意が必要です。オレがやったんだと警察に出頭してきたけれど、どう考えても辻つまが合わないし、提出した拳銃と発射された弾丸の線条痕が合わないということで、これは犯人ではないと分かったという事件がありましたが、世の中の脚光を浴びたいのかそんなバカな考えで、オレがやったんだと自首してくる者がいるので、気を付けることです。

通常、チンピラが大きい事件をやったというときには、これは多分幹部や親分からの差し金で自首してきたんじゃないかと疑ってみなければいけない。余程注意して調べをしないと、真犯人ではない人間を真犯人にしてしまうという大間違いをすることがあります。

2　共犯者をかばうために虚偽の自白をする者がいるので注意

共犯者をかばうために自分の単独犯行であると強弁する者がいるので注意してください。一般に単独犯では共犯者がいるように言ったり、共犯事件では自分の単独犯行だと言ったりする場合があります。これは犯行状況を細かく聞いていくと、そのあたりは解明できると思います。それほど難しい否認ではありません。供述に必ず食い違いがでてきてボロを出します。

3　復讐や憎悪から無関係な者を共犯に抱き込もうとして虚偽の自白をする者がいるので注意

復讐や嫉妬、憎しみなどから、犯行に関係のない者を共犯に引き込もうとして虚偽の自白をする人間がいるので要注意です。これもよく調べをして、特に共犯者と名指された人間について淡々と調べをしていけば、やがて真実が明らかになります。

4　大きい事件を隠すために敢えて小さい事件を自白する者がいるので注意

大きい犯罪を犯しているのに小さい事件で捕まったという場合、例えば、強盗をやっているのに別件の万引きで捕まったというような場合には、大きい事件の強盗を隠すために敢えて小さい事件の万引きを自白する、この万引きを認めてそれで済まそうという者がいます。

よく新聞にも載りますね。○○事件で行方を追っていたところ、○○刑務所に服役中であることが分かり、Xを再逮捕したとか、これがそういうケースです。本人は、小さい事件で判決を受け、ひっそりと服役し、それでジッとしていれば社会に出られると思っている。ところが、そうは問屋がおろさない。その間に大きい事件の余罪捜査で共犯者が捕まったりして自分の犯行が発覚し、刑務所から又警察行きということになるのです。

簡単に認めるような事件では、何か大きな事件を隠しているのではないかという位の気持ちで取調べに当たることが必要です。とくに、前刑は全部否認しているのに、今回に限ってあっさりと認めているという場合など注意してください。

おわりに

被疑者の中には、海千山千の曲者《くせもの》、煮ても焼いても食えぬという連中がいっぱいいます。そんな連中に対して手ぬるい取調べではだめだ、怒鳴りつけてでも自白させるんだ、それが調べというもんだ、と考えている人もいるかと思います。しかし、考えてごらんなさい。そういう連中には怒鳴られたり殴られたりという人生を送ってきた者が多いはずです。怒鳴りつけたって屁とも思わない連中が多いのです。怒鳴りつけたら恐れ入って本当のことをしゃべる、そんな玉はいないと思って間違いないと思いますよ。

事件も暴力犯、知能犯その他いろいろな態様があります。被疑者も十人十色です。すべてに通じる取調べ方法などありませんが、静かに語りかける、穏やかに問いかける、そういう姿勢が取調べには一番大切なことだと思います。

科学捜査、共同捜査の充実強化が必要なことは言うまでもないことですが、犯罪は人間が引き起こすものです。犯罪は人の心の奥底にひそむ魔物の仕業です。自分の心の中に巣くっている魔物の正体は被疑者自身にも分かっていない場合が多いように思います。その魔物を暴き出す、それが被疑者の取調べです。自白した直後の被疑者がホッとした表情を浮かべたり、憑き物が落ちたような表情をする場合があります。自白した瞬間に魔物は被疑者から離れ去っているのです。[※]

※本文八一頁**「検事、よく言ってくれた！」**など。

生まれつきの悪人とか、根っからの悪党などいません。いつの間にか魔物が巣くってしまったのです。その魔物を追い払って本来の人間に戻れる手助けをする、大きく言えば、人間再生のための手伝いをするというのが被疑者取調べの本質だと思うのです。

最後に「吟《ぎん》味《み》方程《がたほど》大事の者無之《これなし》」という吟味の口伝の言葉を引用して、今日の講話を終わらせていただきます（拍手）。

著者略歴

清水　勇男（しみず・いさお）

一九三五年――神奈川県生まれ

一九五九年――早稲田大学大学院法学研究科卒業

一九六〇年――早稲田大学法学部全日制副手

一九六一年――司法試験合格

一九六四年――検事任官。札幌、釧路の各地検勤務を経て、一九六七年京都地検に転勤。公安労働係検事として「京都大学医学部青医連監禁事件」「京都府立医大学長監禁事件」「劇団はぐるま座警察官監禁事件」「全逓伏見郵便局監禁事件」などの主任検事

一九七〇年――千葉地検に転勤。「千葉大採血ミス事件」「千葉大チフス菌事件」などの公判を担当

一九七三年――東京地検に転勤。翌一九七四年一月から一九七五年七月まで東京高検検察官事務取扱検事として「千葉大チフス菌事件」第二審公判立会。同年八月から一九八一年三月まで同地検特捜部勤務。「脱税王・殖産住宅社長東郷民安巨額脱税事件」「金地金商・株式会社徳力本店等関税法違反事件」「ロッキード事件」などの捜査、公判を担当

一九八一年――法務省法務総合研究所に転出。一九八四年まで教官として検事、副検事、検察事務官、保護観

察官の教育・指導等に従事
一九八四年――法務省法務総合研究所事務局長就任
一九八六年――東京地検刑事部副部長に転出。「ビートたけし・フライデー事件」等の捜査指揮
一九八七年――名古屋地検公判部長に転出。「戸塚ヨットスクール監禁致死事件」「たちばな事件」「大高緑地アベック殺人事件」などの公判指揮
一九八九年――札幌高検刑事部長に転出。「ウタリ漁業協同組合員によるソ連主張領海内不法操業事件」（いわゆる「第三の北島丸事件」）等の捜査指揮
一九九〇年――東京高検公安部長に転出
一九九一年――最高検検事就任。「連合赤軍浅間山荘・連続殺人事件」等の上告審公判担当
一九九二年――福島地検検事正就任
一九九三年――浦和地検検事正就任。「愛犬家連続殺人事件」等の捜査指揮
一九九五年――退職。公証人就任（東京法務局所属・蒲田公証役場）。
二〇〇五年――公証人退職。弁護士（第一東京弁護士会）、日本大学法科大学院客員教授就任
二〇〇七年――同教授退任

〈著書〉

『交通事故捜査の基礎と要点』（共著・令文社）

その他

『遺言をのこしなさい』（講談社）

『妻のための遺言』（講談社）

『公証人が書いた老後の安心設計』（日本経済新聞社）

捜査官―回想の中できらめく事件たち―

平成19年6月27日　初版発行
平成19年7月20日　初版2刷発行

著者　清水勇男
発行者　星沢哲也
発行所　東京法令出版株式会社

112－0002　東京都文京区小石川5丁目17番3号　03(5803)3304
534－0024　大阪市都島区東野田町1丁目17番12号　06(6355)5226
060－0009　札幌市中央区北九条西18丁目36番83号　011(640)5182
980－0012　仙台市青葉区錦町1丁目1番10号　022(216)5871
462－0053　名古屋市北区光音寺町野方1918番地　052(914)2251
730－0005　広島市中区西白島町11番9号　082(516)1230
810－0011　福岡市中央区高砂2丁目13番22号　092(533)1588
380－8688　長野市南千歳町1005番地
〔営業〕TEL 026(224)5411　FAX 026(224)5419
〔編集〕TEL 026(224)5412　FAX 026(224)5439
http://www.tokyo-horei.co.jp/

ISBN978-4-8090-1152-8